오비츠11
인형옷 패턴 교과서

— 11㎝ 바디를 위한 의상, 슈즈, 모자 컬렉션 —

아라키 사와코 지음 · 고현정 옮김

ch.17
모자/야구모자

ch.8
후드 티

ch.10
기본 팬츠/데님

ch.16
슈즈/슬립온

「7.트레이닝 웨어」「9.간단 팬츠」는 리본 등으로 사이드에 라인을 넣기만 해도 트레이닝 웨어의 느낌이 확 살아납니다. 전신이 같은 색이면 심플하게, 깃이나 단을 다른 색으로 하면 화려하게!
슬림핏 스포츠웨어를 만들고 싶다면 「12.스킨슈트(점프슈트)」에 직접 만든 전사지를 붙여서 분리해 입힐 수 있도록 해보세요. 기장을 달리하면 사이클 웨어나 경기용 수영복처럼 개조할 수도 있어요.

ch.12
스킨슈트/점프슈트
기장 어레인지

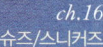

ch.16
슈즈/스니커즈

ch.1
간단 티셔츠/반소매

ch.7
트레이닝 웨어

ch.9
간단 팬츠/롱

「3.와이셔츠」와 「9.간단 팬츠」를 세로 줄무늬 원단으로 만들면 파자마로 변신! 체크무늬 등 파자마 느낌이 나는 원단을 찾아보세요.
「8.후드 티」는 시판되는 양말로 만들었습니다. 2가지 색으로 만들면 귀여움이 2배! 포켓에 손을 넣을 수 있도록 포켓 옆쪽은 몸판에 재봉하지 않았어요. 옆의 스티치는 페이크랍니다.

ch.8
후드 티

ch.9
간단 팬츠/하프

ch.3
와이셔츠

ch.9
간단 팬츠/롱

「13.더플코트」는 2가지 색 펠트로 만들었습니다. 손바느질로 자수를 놓거나 후드에 퍼를 붙이는 등, 여러 가지로 응용해 보세요. 작은 더플 단추를 구할 수 없을 때는 액세서리용 오븐 점토로 직접 제작하는 것을 추천합니다.
「16.슈즈(스니커즈)」는 코트와 같은 색으로 채색했습니다. 조금 낡은 듯한 빈티지 감각이 아주 멋지게 어울립니다.

ch.13
더플코트

ch.2
뒤여밈 티셔츠/긴소매

ch.10
기본 팬츠/카고팬츠

ch.16
슈즈/슬립온

ch.13
더플코트

ch.2
뒤여밈 티셔츠/긴소매

ch.9
간단 팬츠/롱

ch.16
슈즈/스니커즈

「4.스탠드칼라 교복」「5.테일러드 재킷」은 「3.와이셔츠」나 「10.기본 팬츠」와 코디했을 때 가능한 한 부해 보이지 않게 빠듯한 사이즈로 패턴을 만들었습니다. 단추 대신 핫픽스를 사용했고, 가슴 부근의 엠블럼은 작은 단추의 다리를 펜치로 잘라 내어서 부착했습니다.
안에 받쳐 입는 셔츠는 론 원단 등 얇은 천을 사용하는 것이 포인트! 앞판의 여밈 덧단 길이를 짧게 해서, 오픈칼라 셔츠로 만드는 것도 좋습니다.

ch.17
모자/학생모자

ch.4
스탠드칼라 교복

ch.10
기본 팬츠/슬랙스

ch.16
슈즈/스니커즈

ch.3
와이셔츠

ch.5
테일러드 재킷

ch.10
기본 팬츠/슬랙스

ch.16
양말

테일러드 칼라가 어려운 분들을 위해 「6.세일러 탑」의 응용으로 테일러드풍 칼라 패턴을 만들었어요. 오른쪽 작품은 프린트 원단을 사용했습니다. 적당한 무늬를 찾을 수 없다면, 스캔한 패턴에 자신이 좋아하는 무늬를 그려서 프린트 원단에 출력해보세요.
「17.모자(학생모)」에서 탑 크라운의 패턴만을 사용하면 베레모로 어레인지할 수 있습니다. 「16.슈즈(부츠)」의 윗부분을 잘라서 팬츠의 길이에 맞췄습니다. 더 짧게 해서 쇼트 부츠로 만들어도 귀엽습니다.

ch.17
모자/학생모자: 챙 없이 어레인지

ch.6
세일러 탑
세일러 칼라

ch.9
호박바지

ch.16
슈즈/부츠
기장 어레인지

ch.17
모자/학생모자

ch.6
세일러 탑
테일러드풍 칼라

ch.11
간단 팬츠/하프

ch.16
슈즈/슬립온

「14.망토」는 겉과 안을 완전히 다른 소재로 만들어도 귀여워요. 후드 부분에 더플코트처럼 퍼를 달아도 좋고, 와이어를 넣어서 모양을 잡을 수도 있습니다. 하의는 「9.간단 팬츠(하프 길이)」를 개조해서 호박바지풍으로 만들었습니다. 「16.슈즈(부츠)」는 백 스킨 느낌의 합성피혁으로 제작했습니다. 한 장으로 만들기 때문에 바느질할 부분이 많지 않고 공작하는 즐거움을 느낄 수 있으니 도전해보세요.

ch.14
망토/후드 케이프

ch.1
간단 티셔츠/긴소매

ch.6
세일러 탑/칼라 없이 어레인지

ch.9
간단 팬츠/하프
호박바지풍으로 어레인지

ch.16
슈즈/부츠·양말

「15.유카타」는 많이 두껍지 않은 원단을 사용하는 것을 추천합니다. 남성용 손수건을 사용해도 괜찮습니다. 오비(허리띠)는 타롤리안 테이프와 리본을 사용했습니다. 만일 마음에 드는 것을 찾지 못했다면, 1㎝ 폭 정도 되는 흰 끈을 준비해서 패브릭 펜으로 채색하거나 좋아하는 무늬를 그려주세요.

ch.15
유카타

ch.15
유카타

「12.스킨슈트」의 댄스 코스튬은 앞여밈, 뒤여밈의 두 종류입니다. 딱 붙는 라인이지만, 점프슈트와는 다르게 허리 부분에 이음새가 있습니다. 상하의 색을 바꾸거나 다른 소재를 사용하고 싶을 때 활용해보세요. 마음에 드는 니트 원단을 찾을 수 없을 때는 80데니어 전후의 타이츠나 얇은 양말을 잘라서 사용해도 좋아요.
「14.망토」의 경우 와이어를 넣으면 여밈 장치가 없어도 괜찮습니다. 사진처럼 버튼에 체인을 걸어서 여밈 장치를 대신해도 멋지고요.

ch.14
망토/세운 깃 망토

ch.12
스킨슈트
댄스 코스튬

ch.12
스킨슈트
댄스 코스튬

ch.16
슈즈/부츠

CONTENTS

해설 11

Chapter 1.   간단 티셔츠 20
Chapter 2.   뒤여밈 티셔츠 24
Chapter 3.   와이셔츠 31
Chapter 4.   스탠드칼라 교복 35
Chapter 5.   테일러드 재킷 39
Chapter 6.   세일러 탑 43
Chapter 7.   트레이닝 웨어 48
Chapter 8.   후드 티 53
Chapter 9.   간단 팬츠 58
Chapter 10. 기본 팬츠 62
Chapter 11. 호박바지 68
Chapter 12. 스킨슈트 72
Chapter 13. 더플코트 78
Chapter 14. 망토 82
Chapter 15. 유카타 86
Chapter 16. 슈즈 90
Chapter 17. 모자 97

Frill   *Puff*

"프릴짱"   "퍼프짱"
인형옷 만들기 초보인 토끼   양재 마스터인 고양이 선생님

원단에 직접 붙여서 사용한다
양말 칼라 등은 정확히 재봉할 수 있도록

※천에 붙여서 사용한다.

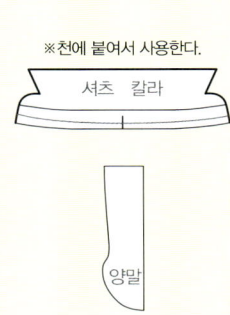

이처럼 시접이 전부 달려 있지 않은 특수한 패턴이 있다

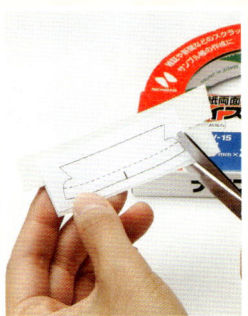

※점착력이 강하면 떼어낼 때 천이 늘어나거나 올이 풀릴 위험이 있으니 주의!

패턴 뒷면에 양면테이프를 붙인다. 양면테이프를 몇 번 원단에 붙였다 뗐다 하여 점착력을 다소 약하게 해 두는 게 좋다.

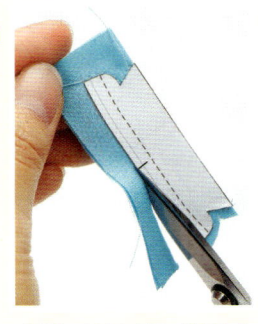

패턴을 가이드 삼아 재봉한 후, 여유분을 자른다.

이렇게 하면 정확히 할 수 있겠군

재봉할 곳은 각각의 만드는 법 페이지를 참고하세요

표시하는 데 편리한 펜

샤프펜슬 타입

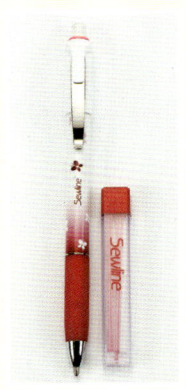

가는 선을 그릴 수 있다 (니트 원단에는 조금 힘들다). 천으로 문지르면 옅어지기는 하지만 완벽하게 지워지지는 않는다.

물에 지워지는 타입

올풀림 방지액이 묻으면 지워져 버리니 주의. 소재에 따라 번질 수도 있다.

시간이 지나면 자연스럽게 지워지는 타입

소재에 따라 번질 수도 있다.

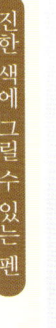

진한 색에 그릴 수 있는 펜

그리고 나면 시간차로 흰 선이 나타난다.

▲ 검정이나 네이비 등 짙은 색 원단에 추천. 다리미의 열이나 물로 지워진다.

재단을 위한 추천 도구

작은 가위

일반 재단가위 외에, 잘 드는 작은 가위가 있으면 작은 패턴도 자르기 쉽다.
※날이 무뎌지니 종이는 자르지 않기!

로터리 커터

일반적인 양재용보다 날이 작은 것이 섬세한 곡선 부분도 자르기 쉽다.

커팅 매트

로터리 커터를 사용할 때에는 반드시 커팅 매트를 깔아야 한다.

작은 인형에게 적합한 원단

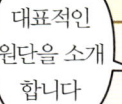
대표적인 원단을 소개합니다

 면론
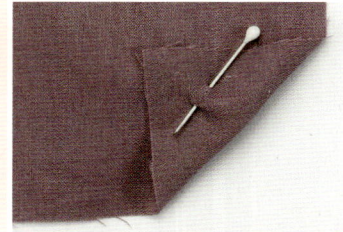
얇아서 셔츠 종류에 적당하고, 세일러 칼라의 안쪽 칼라로 사용하면 좋다. 올풀림 방지액은 확실하게 발라둘 것!

 면 브로드
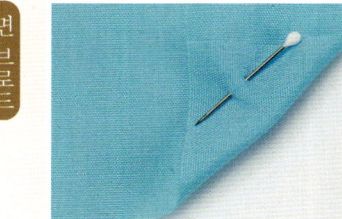
면과 합성섬유 혼방은 얇지만 빳빳하다. 비치지 않는다면, 재킷이나 팬츠에도 적합하다.

면 시팅

소박한 느낌의 원단. 팬츠나 재킷에 적합하고 부드러워서 박음질이 쉽다. 올풀림 방지액은 확실히 발라둘 것!

 트윌·개버딘(두껍지 않은 것)

가능한 한 얇은 것이 좋다. 꽤나 두꺼운 것도 있으니 주의! 능직에 빳빳한 원단이라 제복이나 슈트 등 포멀한 디자인에 사용하는 것이 좋다.

 6~7온스 데님
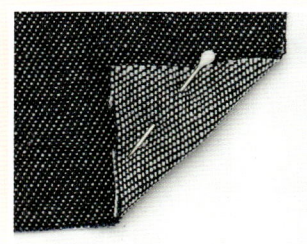
일반 데님은 두껍고 재봉이 어렵기 때문에 6~7온스 정도를 추천. 작은 점포에서는 취급하지 않으므로 온라인으로 찾는 것이 좋다. 어떻게도 구할 수 없다면 느낌이 비슷한 덩거리 원단을 사용한다.

비교적 구하기 쉬운 원단들을 소개했지만, 이것 외에도 적당한 천은 많습니다

올이 잘 풀리지 않고, 되도록 얇은 것을 고릅시다

대표적인 니트 원단

 천축(天竺)

겉과 안이 있다. 인형옷에 맞게 얇은 천이 많지만, 자른 끝이 잘 말린다. 티셔츠, 후드 티, 양말 등의 제작에 추천.

얇아서 둔한 느낌이 나지 않게 만들 수 있어요

스무드

천축보다 조금 두껍고, 자른 끝이 말리지 않는다. 겉과 안의 모양이 거의 같아 티셔츠, 후드 티 등의 제작에 추천.

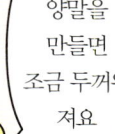
이걸로 양말을 만들면 조금 두꺼워져요

 리브 니트·테레코 니트

겉뜨개 안뜨개의 반복으로 세로 라인이 있으며 조금 두껍다.

후드 티의 밑단이나 소맷부리의 악센트로 사용해도 좋아요!

천에 패턴을 옮겨 그리기 귀찮은 경우

패턴 뒷면에 마스킹테이프를 붙여 로터리 커터로 자르면 빨라요

패턴의 뒷면에 마스킹 테이프를 둥글게 말아 붙인 후, 천에 붙인다. 패턴을 원단 결 방향으로 접어 실제로 천의 짜임을 보고 맞춘다.

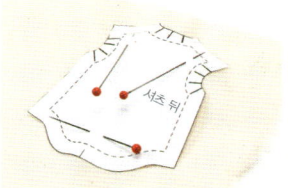
시침핀으로는 울퉁불퉁해진다.

테이프가 핀보다 안전하구나

그대로 커트 하면 옮겨 그리는 시간이 절약된다.

섬세한 부분은 많이 잘리지 않도록 가위를 사용하세요!

완성선을 정확히 옮겨 그리는 방법

시접이 없는 패턴도 가장자리를 만들어서 따라 덧그리면 정확하게 그릴 수 있어요

마스킹테이프로 붙인다.

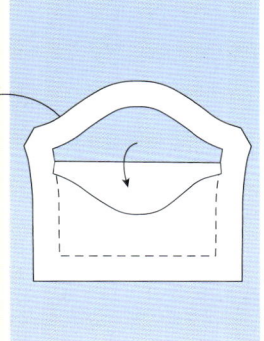
두꺼운 종이에 카피하거나, 뒷면을 매직테이프 등으로 보강해 두면 좋다.

또는 패턴의 일부를 커터로 잘라서 젖힐 수 있게 한다.

만남 표시도 잊지 말고 그려 둔다.

올풀림 방지액 사용법과 주의점

올풀림 방지액이 눈에 띄는 소재는 많이 바르지 않도록 주의한다.

펫 시트 위에 파츠들을 올리고 올풀림 방지액을 발라서 그대로 말린다.

파츠를 손으로 잡고 끝단에 바를 수 있는 펜 타입 제품도 있다.

올풀림 방지액을 바른 후에 재단해도 된다.

물로 지워지는 펜을 사용하면 안 돼요

접착심

부직포・평직물・니트용 등이 있어요

다림질로 붙는 것을 고르세요

한쪽 면에 열 접착되는 타입으로, 1000원 샵에서 판매되는 정도의 얇은 것이 좋다.

물에 살짝 적시면 확실하게 붙는다고 해요

다양한 색이 있지만 일반 원단 가게에서는 보기 어려우니, 일단 손쉽게

구할 수 있는 흰색과 검정을 준비합시다

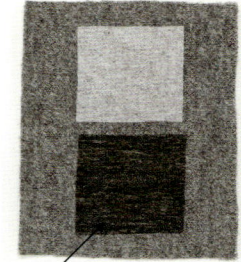
색이 진한 소재는 흰색보다 검정이 눈에 띄지 않는다.

접착심을 붙이는 이유

늘어나는 천은 귀찮더라도 붙이는 편이 좋아요

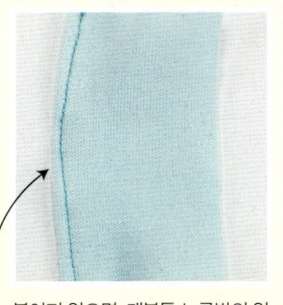
붙이지 않으면, 재봉틀 노루발의 압력 때문에 늘어나 버린다.

시접에 접착심을 붙여 놓으면, 끝을 반듯하고 똑바르게 접을 수 있다.

늘어남 방지뿐 아니라 깔끔하게 만들기 위해서도 필요하겠구나

※다리미를 더럽히기 싫은 사람은 천이나 종이를 댑시다!

면 파스너

작은 옷에 권장하는 상품

벨크로

Pb'-factory 오리지널의 특히 얇은 타입. 흰색과 검정이 있다.

소프트 시트

같은 Craft Cafe 제품이라도, 10×3Cm의 「면 파스너」는 두꺼운 타입이니까 주의해야 한다.

메커니컬 파스너

제일 얇지만, 상대적으로 쉽게 떨어지는 편이다.

파스너의 암수는 어느 쪽이 위로 가야 하지?

보통은 위쪽에 까끌까끌한 면을 다는데, 위의 세 상품은 인형 머리가 닿아도 잘 얽히지 않으므로 반대로 붙여도 괜찮다.

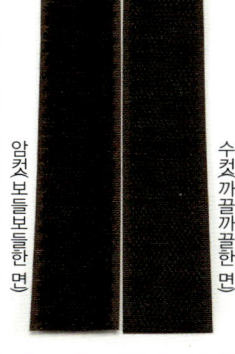
(암컷 보들보들한 면) (수컷 까끌까끌한 면)

팬츠를 벗길 때 까끌까끌한 면이 속옷에 걸리는 경우엔 반대로 붙여도 된다.

덧붙이자면 큰 메이커의 인형옷은 암수가 일반 방식과 반대로 되어 있어요

시대에 따라 소재도 변하니까 자신이 편한 방법으로 하면 됩니다

재봉실

90번(얇은 천용)
재봉바늘 #7~9

오비츠 사이즈는 이런 가는 재봉실을 권장한다.

60번(보통 천용)
재봉바늘 #9

소품이나 사람 옷에 사용되는 굵기. 가는 실을 새로 구입하기 어렵다면 이 번호를 사용해도 괜찮다.

> 한정판매이긴 하지만, 인형용의 가늘고 튼튼한 실도 있습니다

> 재봉이 쉽고 마무리도 깔끔하므로 적극 추천합니다!

보통 원단용인 「TicTic PREMIER」, 니트 원단용인 「TicTic DEUXIEME」가 있다.

니트용 재봉실

50번(니트용 실) 재봉바늘 #9

니트처럼 늘어나는 소재에 쓰는 실. 양말, 타이츠와 같이 신축성이 좋은 소재로 옷을 만들 때 추천한다.

손바느질용 실

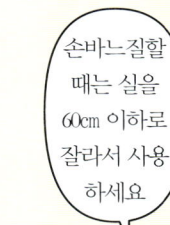

손바느질용 실 (바늘 #7~8)

패치워크용 실 (바늘 #7~8)

재봉실에 비해 조금 두꺼운 편으로, 오른손잡이가 손바느질할 때 실이 잘 엉키지 않는다. 실을 빳빳하게 만들어 엉키지 않도록 한 제품도 있다.

> 손바느질할 때는 실을 60cm 이하로 잘라서 사용하세요

> 길면 엉키기 쉬워요!

원단용 접착제

이쑤시개를 이용하면 얇게 바를 수 있다.

접착제는 한 번 잘못 붙이면 떼어낼 수 없거나 흔적이 남으므로, 장식을 가재봉할 경우에는 다림질로 접착되는 실을 추천한다.

> 목공용 접착제는 NO! 원단용·수예용 접착제를 추천합니다

> 소맷부리나 밑단에 스티치를 넣지 않을 때에도 사용해요

> 옷을 입힐 때, 소맷부리에 손이 걸리지 않는다는 장점도!

> 너무 많이 바르면 겉으로 스며 나오니 주의하세요

> 접착력은 좀 떨어져도, 실수했을 때 떼어내기 좋아요

손바느질의 포인트

 홈질

파츠를 합칠 때 쓰는 손바느질의 기본이다.

바느질을 시작할 때, 한 땀은 박음질을 해서 매듭이 안쪽에 오도록 한다.

천 끝에 너무 가까우면 매듭이 튀어나오거나 쉽게 풀어질 수 있다.

 박음질

홈질 → 안 늘어난다.

박음질 → 늘어난다.

양말의 입구 등, 신축성이 필요한 부분엔 박음질이 좋다.

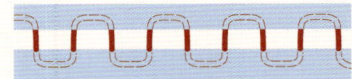 공그르기

창구멍을 막거나, 바늘땀이 겉에서 안 보이게 파츠를 연결하고 싶을 때 이용한다.

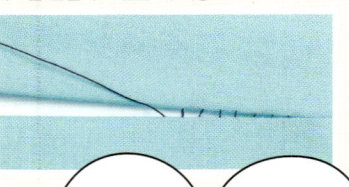

너무 작아서 재봉틀로는 능숙하게 재봉할 수 없는 경우가 있어요.

무리하지 말고 손바느질을 병행해서 옷을 완성합시다!

재봉 바느질의 포인트

시침핀 꽂기

손바느질과는 반대로 천의 바깥쪽에 꽂으면, 재봉하면서 시침핀을 빼기 쉽다.

※재봉틀 바늘이 오기 직전에 시침핀을 빼서, 바늘에 닿지 않도록 주의한다!

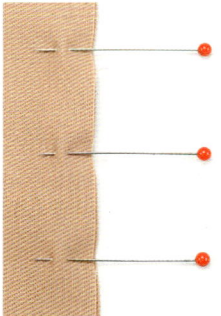

재봉 바느질의 경우

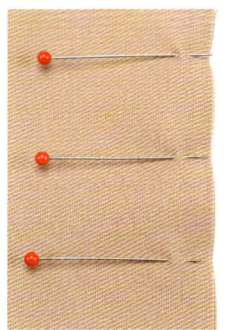

손바느질의 경우

니트 원단은 트레이싱 페이퍼를 밑에 깔면 박음질이 쉬워진다.

재봉틀을 처음 박는 부분이 잘 안 나가요~

좁게 자른 샌드페이퍼를 노루발 밑에 대고 박으면 좋아요

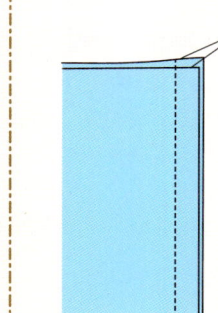

※샌드페이퍼와 같이 박으면 바늘이 상하게 되므로 주의한다.

박음질 시작 부분이 어떻게 해도 어긋나는 경우

시작 부분이 어긋나지 않도록, 시접 폭만큼 마스킹 테이프를 붙인 후에 박는다.

※니트 원단은 테이프를 떼어낼 때 올이 풀리기 쉬우니 주의한다.

원단에 프린트하기

"프린터로 인쇄할 수 있는 편리한 원단을 사용해 보세요!"

필요한 패턴을 복사해서 여유를 좀 남기고 잘라낸다.

패턴과 용지의 모눈 방향을 맞춰서 붙인다.

A4 크기의 방안지에 붙인다. 또는 백지에 직접 패턴을 옮겨 그려도 된다.

방안지 (A4 크기)

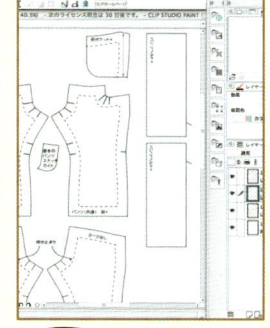

디지털 작업에 익숙한 분은 스캔한 패턴을 이런 식으로 PC 상에 배치해도 좋다.

패턴을 스캔해서, 일러스트나 이미지 편집 프로그램으로 좋아하는 색을 칠하거나 무늬를 그린다.

"아무것도 칠하지 않고 프린트하는 것도 괜찮아요!"

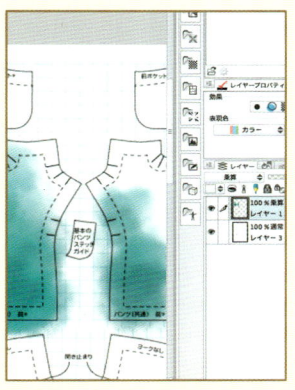

채색할 때는 스캔한 이미지 위에 새롭게 레이어를 만들어, 모드를 「통상」 → 「승산」으로 바꾼다.

"이렇게 하면 패턴의 선이 지워지지 않아요!"

"상세한 내용은 각 프로그램의 조작법을 참고하세요"

주의!!

일단 종이에 프린트해서 체크한 후에 원단에 프린트한다.

☆색, 무늬의 밸런스나 덜 칠해진 곳 체크.
☆패턴이 제 사이즈로 프린트 됐는지 체크.

※프린트 원단은 종이에 비해 색이 탁할 수 있다.

"잘못해서 프린트 원단을 낭비하지 않도록 조심하세요"

"원단을 미리 세탁해서 말린 후에 재봉합시다!"

"풀을 떼어내고 물을 뿌렸을 때, 일부만 색이 번지는 것을 방지하기 위해서입니다"

크기가 달라...

프린터로 원하는 색이 나오지 않을 때

"프린터로 원하는 색이 나오지 않을 때는"

"색을 입히지 않고 프린트해서, 원하는 색에 가까운 원단용 펜으로 염색합시다!"

원단용 펜

형광색 같은 것도 있어, 색이 풍부하다. 원하는 색의 리본이나 끈이 없을 때도 원단용 펜으로 염색하면 된다.

"이염이 걱정되는 경우라면 얼굴 주변의 파츠에는 사용하지 마세요"

Chapter *1.*

간단 티셔츠
— T-SHIRTS I —

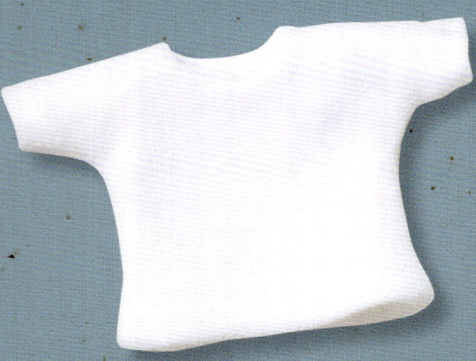

실물 크기

Chapter *1.*

긴소매

반소매

천이 늘어나는 방향

뒤

뒤

간단 티셔츠   앞   (긴소매)

간단 티셔츠   앞   (반소매)

※ 좌우가 같거나 좌우가 단지 반전만 되어 있는 패턴은 ✽ 표시를 했다.

뒤

소매 별도

티셔츠 가이드 또는 접착심

앞

티셔츠 안단용 접착심

티셔츠(소매 별도)   긴소매 ✽

티셔츠(소매 별도)   몸판   앞

티셔츠(소매 별도)   긴소매 ✽

티셔츠 안단용 목둘레 씰

복사한 후, 잘라서 사용하세요.

소매를 달지 않으면, 민소매 티로 완성!

반팔이나 칠부 등 소매 길이는 조정 가능해요

간단 티셔츠 패턴
→ 만드는 법 P.22~23

Chapter 1.

간단 티셔츠
두 군데만 박으면 완성!

접착제를 사용해서 초보자라도 간단! 소매를 달 때는 네 군데를 박아요

1 → 패턴 P.21

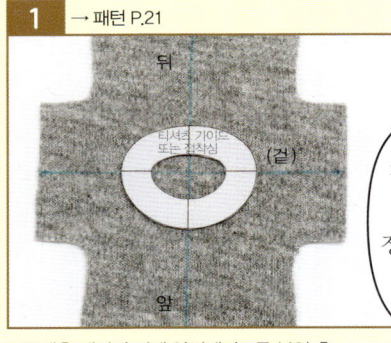

목둘레용 패턴의 뒤에 양면테이프를 붙인 후, 패턴 가이드 선에 맞춰 파츠의 중심에 붙인다.

지워지는 펜으로 선을 그어두면, 정확한 위치에 맞추기 쉬워요

2

목둘레의 시접 부분에 가위집을 넣는다.

목둘레의 타원이 찌그러지지 않아요

3

패턴의 원을 가이드 삼아 접고, 접착제로 붙인다.

4

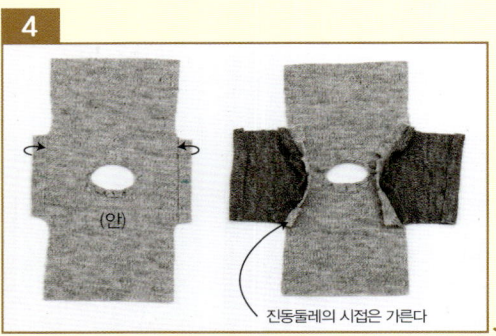

→ 진동둘레의 시접을 가른다

소매 별도 디자인은 소매를 달고, 진동둘레를 접어 접착제로 붙인다.

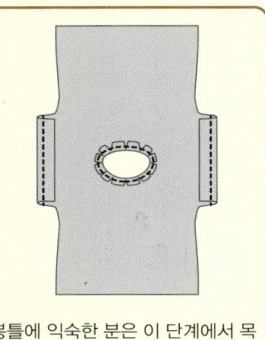

재봉틀에 익숙한 분은 이 단계에서 목둘레와 진동둘레에 스티치를 넣는 것도 좋아요.

5

모서리를 잘라준다

겉끼리 마주대어 소매 아래와 옆선을 박고, 겨드랑이 부분에 가위집을 넣은 후 겉으로 뒤집는다.

박는 것은 이 두 군데 뿐!

6

옆선의 시접을 가른다. 밑단을 접어 접착제로 붙이거나 재봉틀로 박는다.

재봉틀로 밑단을 박기 힘든 경우

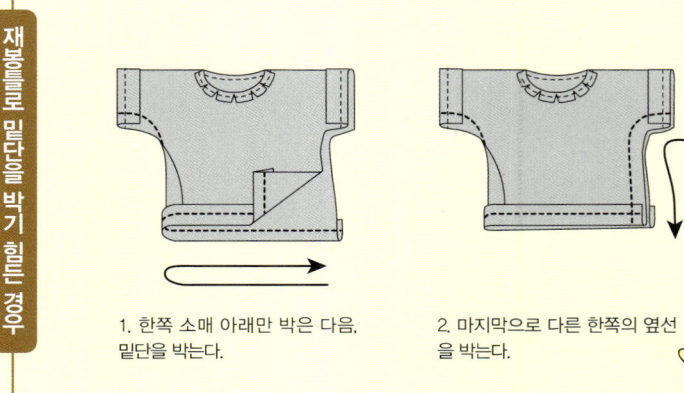

1. 한쪽 소매 아래만 박은 다음, 밑단을 박는다.
2. 마지막으로 다른 한쪽의 옆선을 박는다.

밑단이 좁아서 재봉틀로 박기 힘들 때는 이 순서로!

Chapter *1.*

간단 티셔츠
접착심을 사용한 목둘레 처리법

 접착심으로 완성도가 한 단계 UP!

 다리미를 사용하면 보다 깔끔하게 만들 수 있어요!

접착심을 가이드로 쓰는 방법

1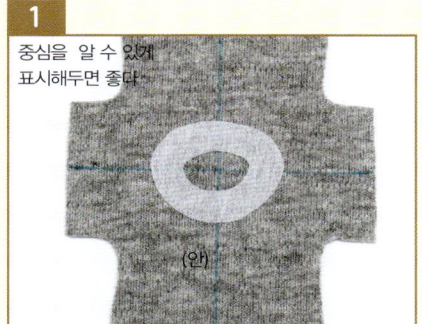
중심을 알 수 있게 표시해두면 좋다
(안)

패턴대로 잘라낸 접착심을 안쪽 면에 붙인다.

2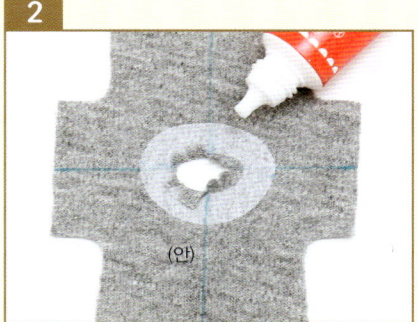
(안)

목둘레의 시접 부분을 잘라 가위집을 넣고, 접착심을 가이드 삼아 시접을 접는다.

 22P의 방법으로 목둘레의 곡선을 깨끗하게 접을 수 없을 때 이 방법으로!

 접착심 때문에 천이 단단해져서 접기 쉬워지네

접착심을 안단으로 하는 방법

1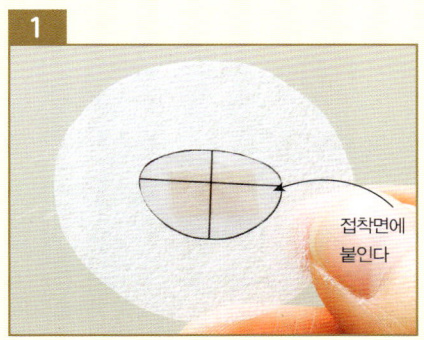
접착면에 붙인다

목둘레 가이드 패턴 안쪽에 양면테이프를 붙이고, 패턴대로 잘라낸 접착심의 중심에 붙인다.

2
뒤
접착면
(겉)
앞

접착면을 위로 한 접착심을 파츠의 중심(겉쪽)에 두고, 종이의 가장자리를 가이드 삼아 빙 둘러 박는다. 중심을 알기 쉽도록 지워지는 펜으로 가이드 선을 그려 두면 좋다.

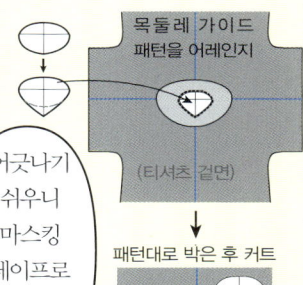
목둘레 가이드 패턴을 어레인지
(티셔츠 겉면)
↓
패턴대로 박은 후 커트
(겉면)
↓
심을 안쪽으로 뒤집으면 패턴 모양 그대로의 목둘레가 된다
(겉면)
↓
다양한 목둘레 어레인지

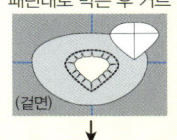 어긋나기 쉬우니 마스킹 테이프로 붙여 둡시다

3
(겉)

시접이 0.3㎝ 정도가 되도록 자른 후, 가윗집을 주고 접착심을 안쪽으로 뒤집는다.

4
(안)

겉으로 접착심이 보이지 않게 겉감을 조금 당기듯이 정리하고, 다리미로 붙인다.

짙은 색의 천에는 검정 접착심을 추천!

삼각형 목둘레 티셔츠로!

박는 게 번거롭지만, 마무리가 깨끗하고 어레인지하기 쉬운 방법이에요!

Chapter 2.

뒤여밈 티셔츠
— T-SHIRTS II —

실물 크기

뒤여밈 티셔츠
프렌치 슬리브

뒤가 트인 티셔츠에요

옆선 이외의 부분은 접착제로 붙여도 괜찮다.

자신에게 적합한 방법으로 만들자!

1 → 패턴 P.26

접착면을 위로 한 접착심을 겉면에 놓고, 목둘레와 뒷단을 박는다.

2

목둘레와 뒷단의 시접을 0.3cm 정도로 좁게 자른다.

3

접착심이 안단 역할도 하고, 늘어남도 방지해요

재봉틀로 작업한다면 귀찮아도 접착심을 붙입시다!

접착심을 안으로 뒤집고 다리미로 붙인다.

4

진동둘레를 접어서 접착제로 붙인다. 또는 재봉틀로 박는다.

5

겉끼리 맞대어 겹치고, 옆선을 박는다. 모서리는 비스듬히 잘라준다.

6

옆선의 시접을 가르고, 밑단을 접착제로 붙인다. 또는 재봉틀로 박는다.

7

왼쪽 몸판의 안쪽 단에 0.7cm 폭으로 자른 면 파스너를 놓고, 단에서 0.4cm 위치를 박는다.

8

오른쪽 몸판의 안쪽 단에 0.8~1cm 폭으로 자른 면 파스너를 겉으로 0.5cm 나오게 맞추고, 뒷단과 목둘레를 빙 둘러 박는다.

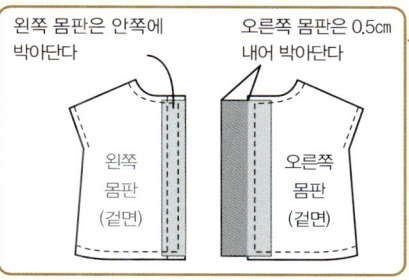

왼쪽 몸판은 안쪽에 박아단다 / 오른쪽 몸판은 0.5cm 내어 박아단다

재봉틀이 어렵다면 면 파스너를 접착제나 손바느질로 달아도 괜찮아요 손바느질의 경우, 잘 늘어나지 않으니 접착심 없이 시접을 접착제로 붙여도 됩니다

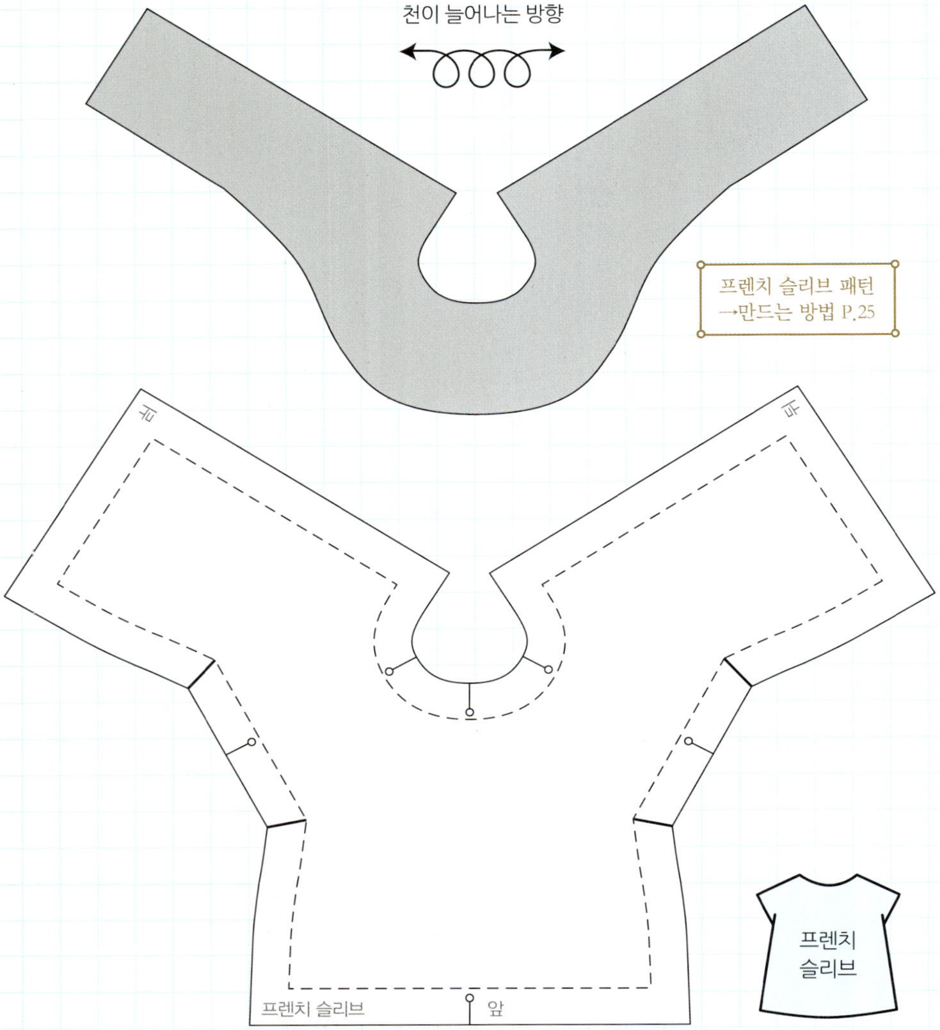

Chapter 2.

천이 늘어나는 방향

프렌치 슬리브 패턴
→만드는 방법 P.25

복사한 후, 잘라서 사용하세요

프렌치 슬리브

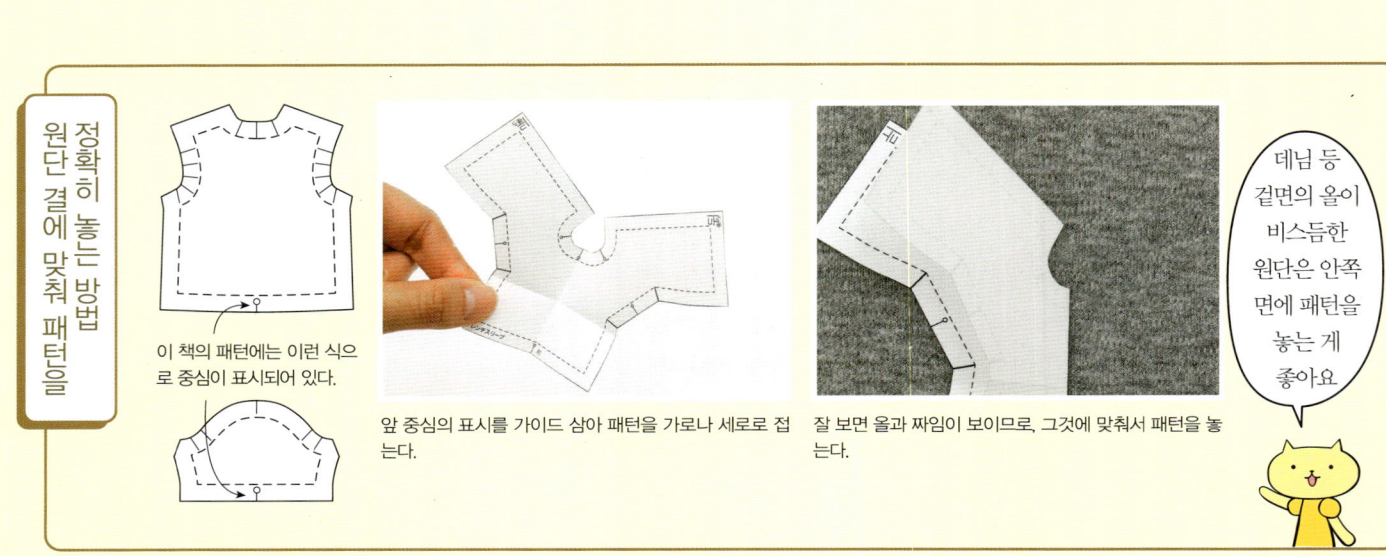

정확히 놓는 방법
원단 결에 맞춰 패턴을

이 책의 패턴에는 이런 식으로 중심이 표시되어 있다.

앞 중심의 표시를 가이드 삼아 패턴을 가로나 세로로 접는다.

잘 보면 올과 짜임이 보이므로, 그것에 맞춰서 패턴을 놓는다.

데님 등 겉면의 올이 비스듬한 원단은 안쪽 면에 패턴을 놓는 게 좋아요

뒤여밈 티셔츠

리브 칼라

목둘레에 테두리를 두르면 좀 더 티셔츠처럼 보입니다

1 → 패턴 P.29

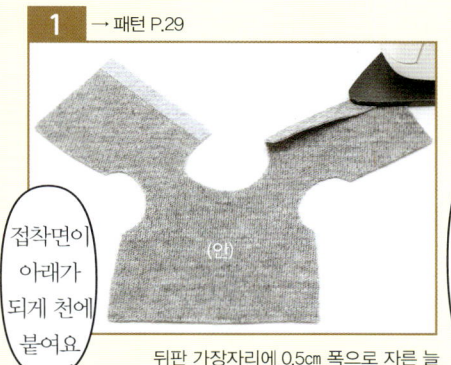

접착면이 아래가 되게 천에 붙여요

뒤판 가장자리에 0.5cm 폭으로 자른 늘어남 방지용 접착심을 붙이고, 다리미로 접는선을 표시해 둔다.

2

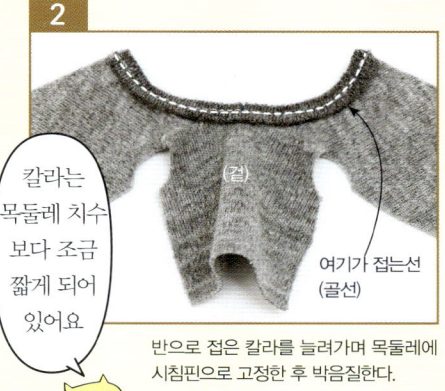

칼라는 목둘레 치수보다 조금 짧게 되어 있어요

여기가 접는선 (골선)

반으로 접은 칼라를 늘려가며 목둘레에 시침핀으로 고정한 후 박음질한다.

3

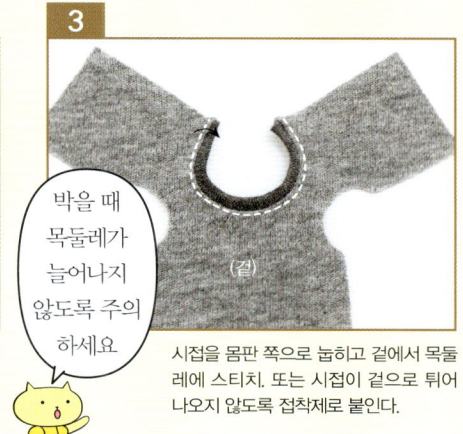

박을 때 목둘레가 늘어나지 않도록 주의하세요

시접을 몸판 쪽으로 눕히고 겉에서 목둘레에 스티치. 또는 시접이 겉으로 튀어나오지 않도록 접착제로 붙인다.

4

양끝의 시접 부분은 박지 않고 놓아 둔다

어렵다면 끝까지 박은 다음, 나중에 겨드랑이 부분에 가위집을 넣어도 괜찮아요

소맷부리를 접어서 박아 둔다. 몸판과 소매를 겉끼리 맞대어 박는다. 양끝의 시접 부분은 박지 않는다.

5

몸판과 소매가 일체형인 패턴은 소매~옆선을 이어서 박는다.

박지 않은 부분이 가위집 역할을 해서 당김을 방지해요

박은 후 스티치에 아슬아슬하게 닿을 때까지 가위집을 넣는다.

진동둘레의 시접을 가르고, 소매 아래~옆선을 박는다. 밑단 부분의 시접 모서리는 비스듬히 자른다.

6

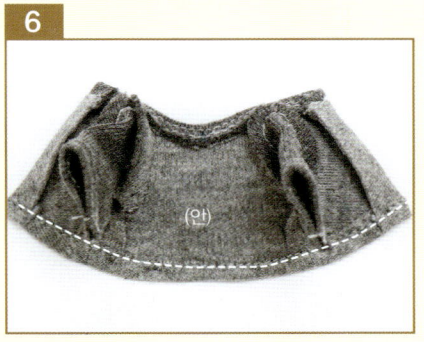

밑단을 접어 박는다. 또는 접착제로 붙인다.

7

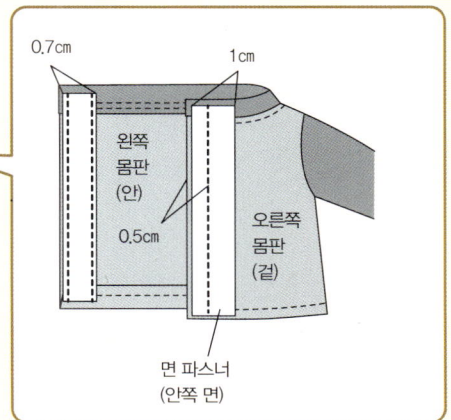

왼쪽 몸판의 끝을 접어, 면 파스너를 단다. 오른쪽 몸판엔 면 파스너를 뒤집어놓고, 단에서 0.5cm 위치를 박는다.

Chapter 2.

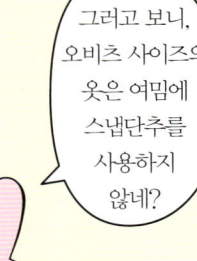

그러고 보니, 오비츠 사이즈의 옷은 여밈에 스냅단추를 사용하지 않네?

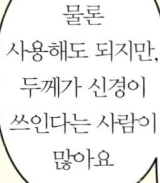

물론 사용해도 되지만, 두께가 신경이 쓰인다는 사람이 많아요.

면 파스너가 달기 더 쉽다는 의견도 있으니 취향에 따라 구분해서 사용하세요.

오른쪽 단을 안쪽으로 접는다. 가장자리에 스티치, 또는 접착제로 시접을 고정한다.

줄무늬 원단을 사용할 경우

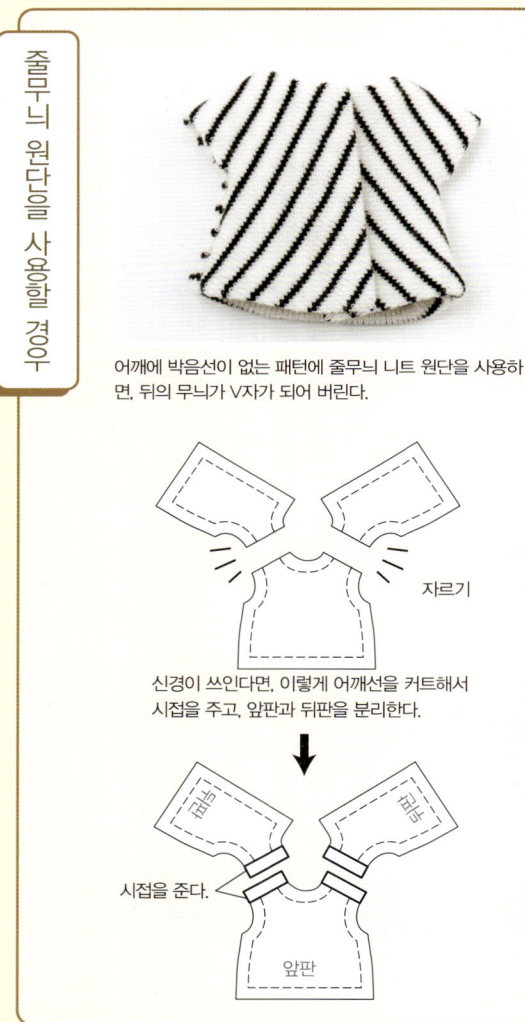

어깨에 박음선이 없는 패턴에 줄무늬 니트 원단을 사용하면, 뒤의 무늬가 V자가 되어 버린다.

자르기

신경이 쓰인다면, 이렇게 어깨선을 커트해서 시접을 주고, 앞판과 뒤판을 분리한다.

시접을 준다.

양말로 만드는 티셔츠

양말의 무늬를 살려서, 이런 티셔츠도 만들 수 있어요!

아이디어에 따라 여러 가지 옷을 만들 수 있겠네!

Chapter 2.

※ 좌우가 같거나 좌우가 단지 반전만 되어 있는 패턴은 * 표시를 했다.

천이 늘어나는 방향

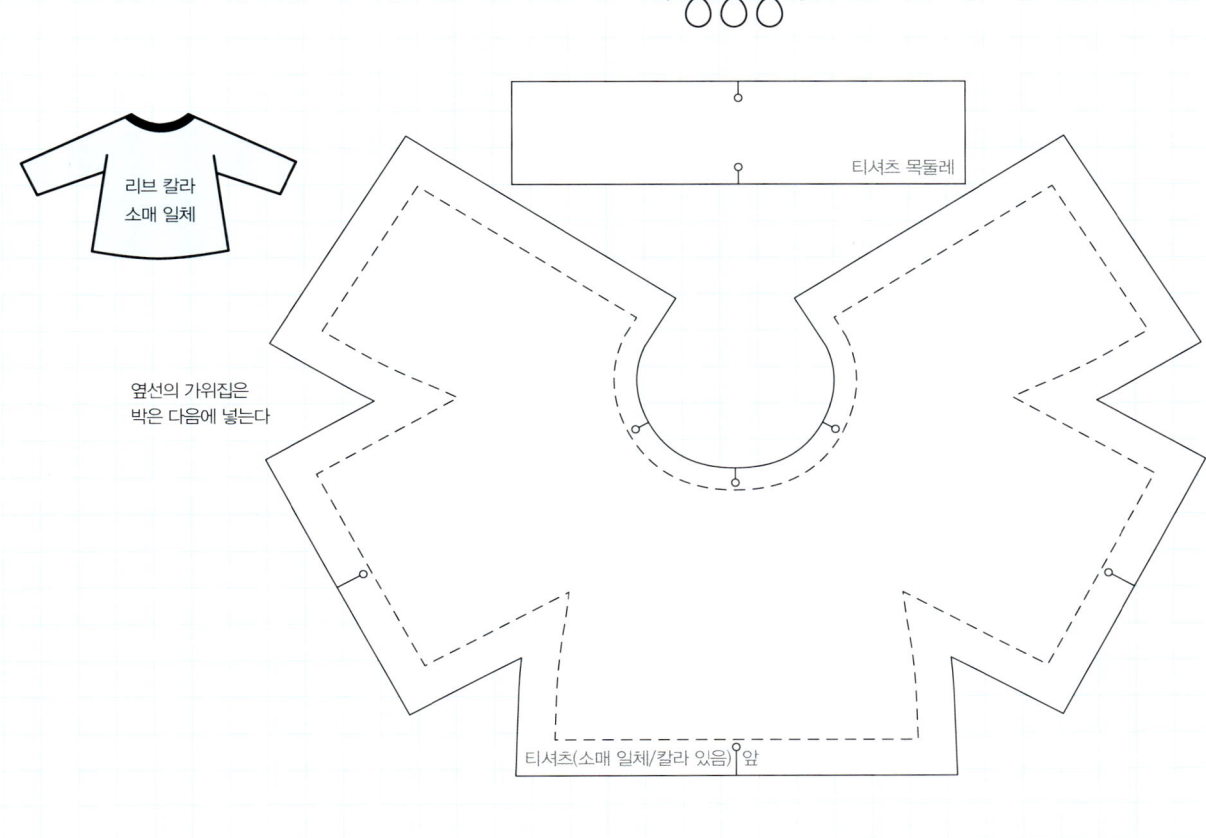

리브 칼라 소매 일체

티셔츠 목둘레

옆선의 가위집은 박은 다음에 넣는다

티셔츠(소매 일체/칼라 있음) 앞

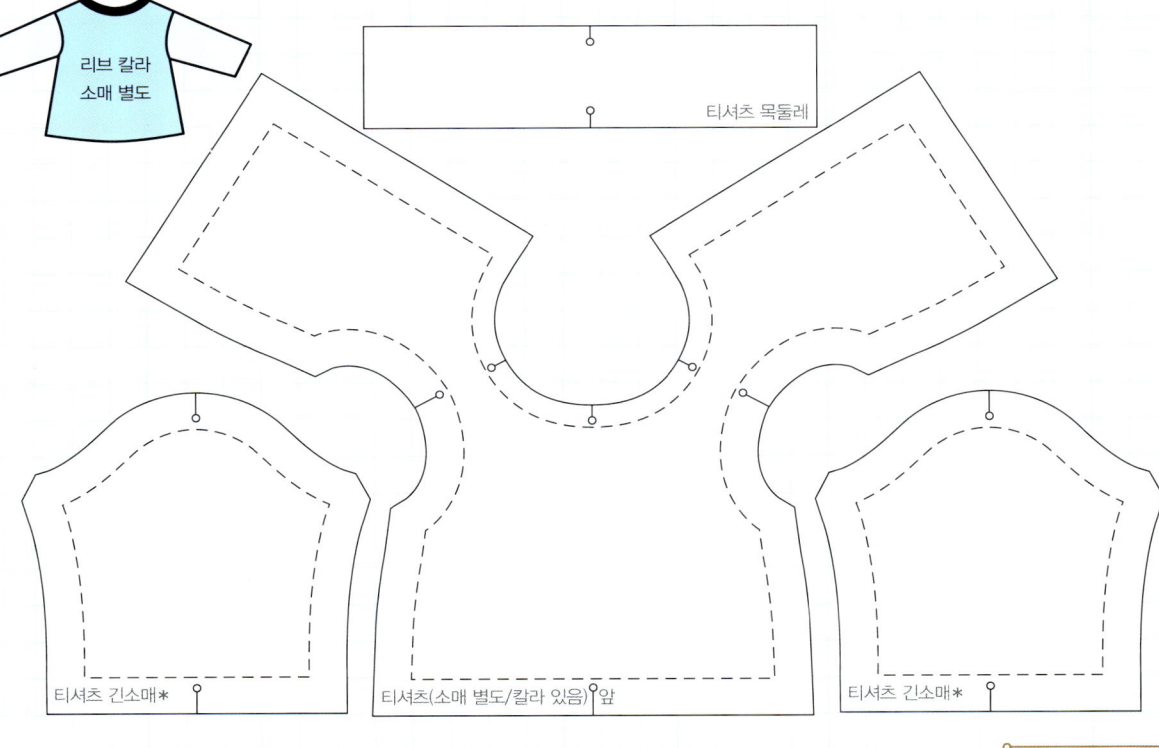

리브 칼라 소매 별도

티셔츠 목둘레

티셔츠 긴소매*

티셔츠(소매 별도/칼라 있음) 앞

티셔츠 긴소매*

리브 칼라 티셔츠 패턴
→만드는 법 P.27~28

복사한 후, 잘라서 사용하세요

Chapter 2.

천이 늘어나는 방향

칼라 없는 티셔츠 패턴
→만드는 법 P.25, 27 참조

※ 좌우가 같거나 좌우가 단지 반전만 되어 있는 패턴은 * 표시를 했다.

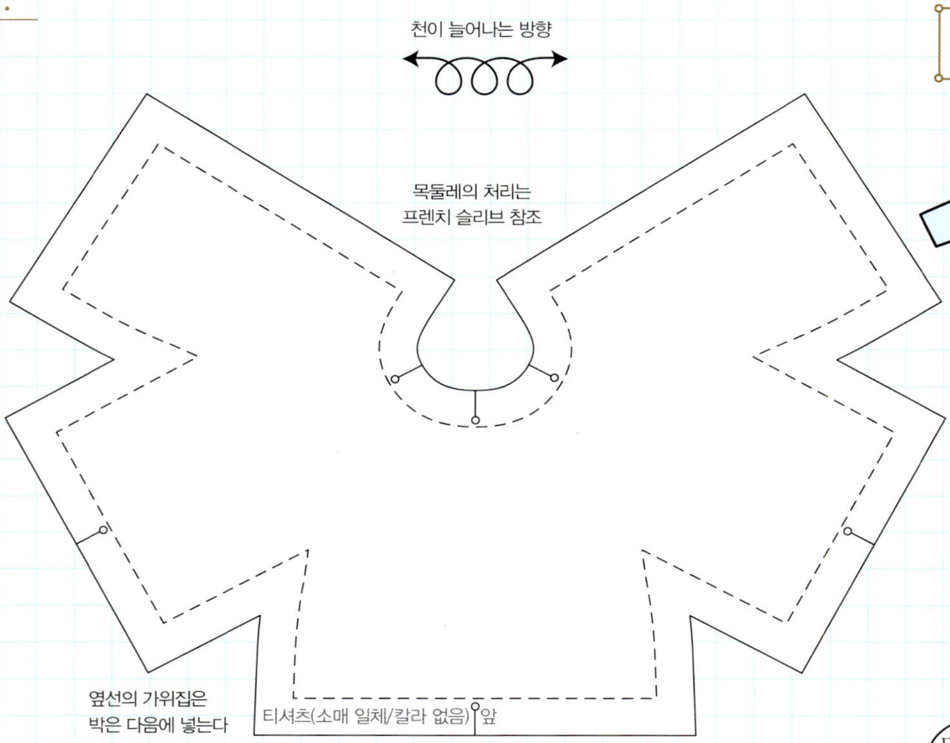

칼라 없음 소매 일체

옆선의 가위집은 박은 다음에 넣는다

목둘레의 처리는 프렌치 슬리브 참조

티셔츠(소매 일체/칼라 없음) 앞

덤으로 목둘레에 테두리가 없는 디자인의 패턴도 만들어 봤어요

목둘레나 뒤여밈의 처리는, 프렌치 슬리브 페이지를 참고하세요

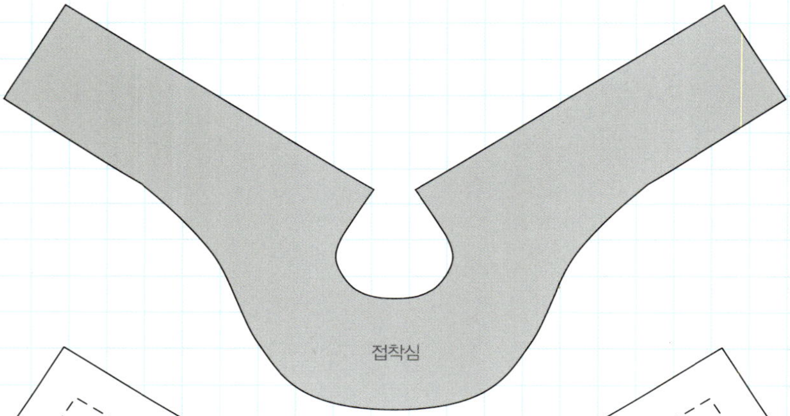

접착심

칼라 없음 소매별도

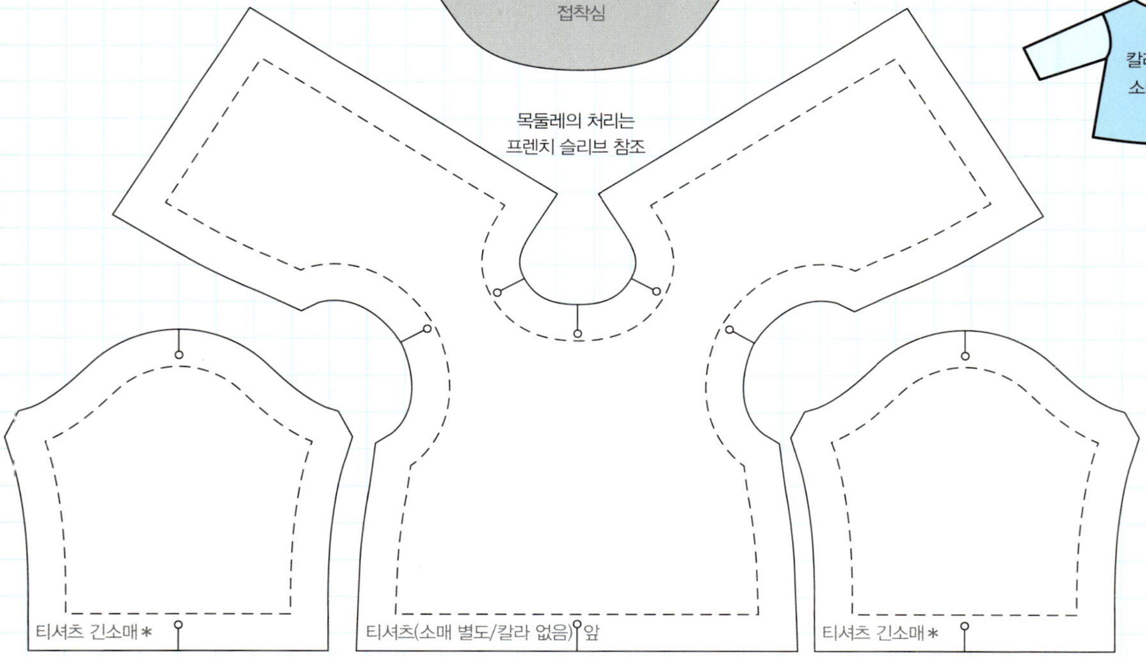

목둘레의 처리는 프렌치 슬리브 참조

티셔츠 긴소매 *　　티셔츠(소매 별도/칼라 없음) 앞　　티셔츠 긴소매 *

복사한 후, 잘라서 사용하세요

Chapter 3.

와이셔츠
— SHIRTS —

실물 크기

Chapter 3.

와이셔츠

※이 페이지에서는 목둘레와 진동둘레의 시접을 모두 0.3㎝ 폭으로 설명하고 있습니다.

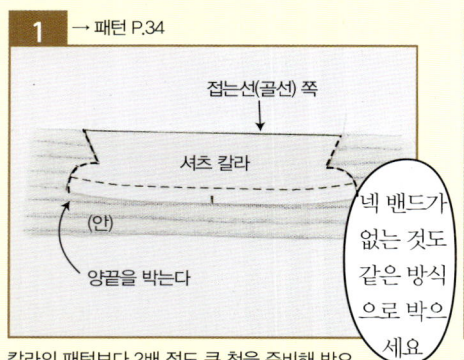

1 → 패턴 P.34

칼라의 패턴보다 2배 정도 큰 천을 준비해 반으로 접는다. 패턴 뒷면에 양면테이프를 붙여 원단에 붙이고, 그것을 가이드 삼아 양끝을 박는다.

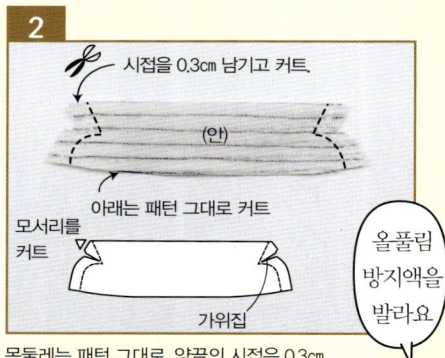

2

목둘레는 패턴 그대로, 양끝의 시접은 0.3㎝ 정도 남기고 커트하여 겉으로 뒤집는다.

3

칼라를 겉으로 뒤집고, 다리미로 모양을 정리한다.

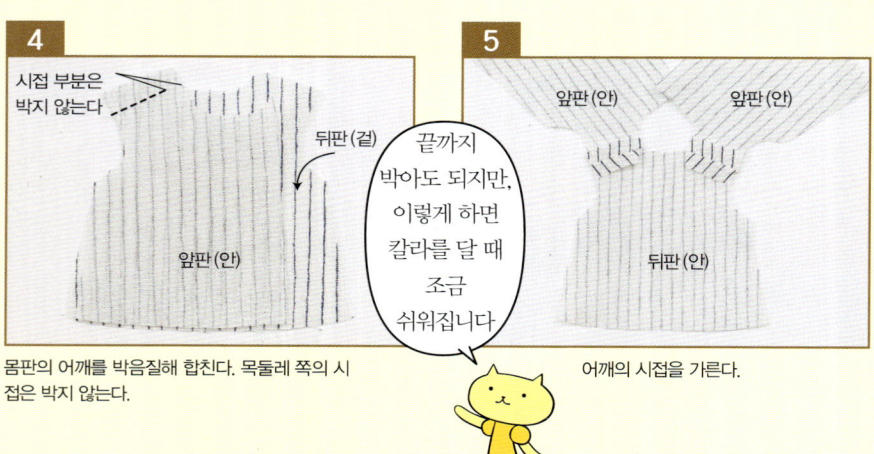

4

몸판의 어깨를 박음질해 합친다. 목둘레 쪽의 시접은 박지 않는다.

5

어깨의 시접을 가른다.

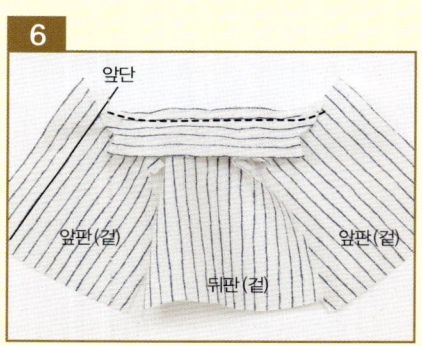

6

넥 밴드가 있는 것은, 칼라의 끝과 몸판 앞단을 맞춰서 박는다. 넥 밴드가 없는 것은, 앞단에서 0.3㎝ 안쪽으로 맞춰 박는다. (옆 페이지 그림 참조)

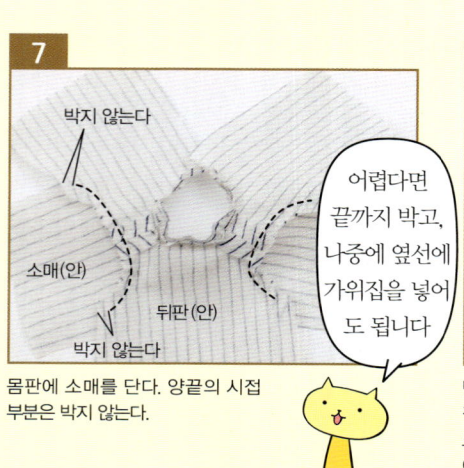

7

몸판에 소매를 단다. 양끝의 시접 부분은 박지 않는다.

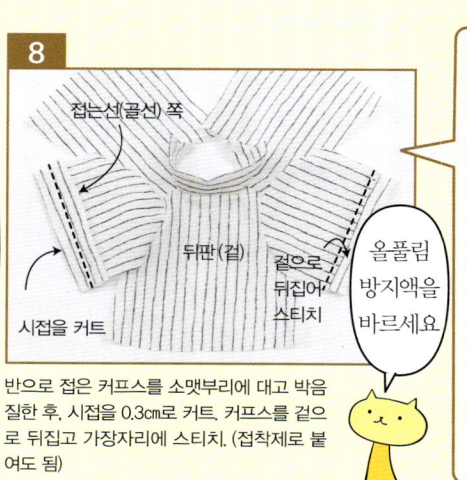

8

반으로 접은 커프스를 소맷부리에 대고 박음질한 후, 시접을 0.3㎝로 커트. 커프스를 겉으로 뒤집고 가장자리에 스티치. (접착제로 붙여도 됨)

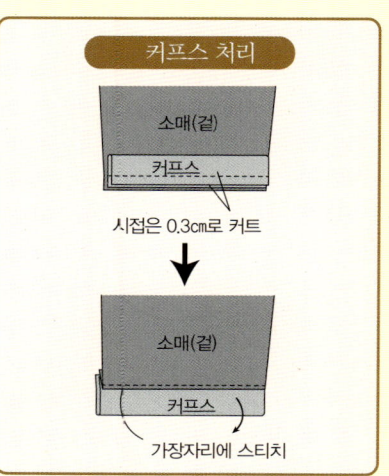

커프스 처리

시접은 0.3㎝로 커트

가장자리에 스티치

Chapter 3.

9

진동둘레의 시접을 가르고, 소매 아래~옆선을 박는다.

10

시접을 접어 붙인다
앞단과 밑단을 다리미로 꼼꼼하게 접는다. 안단의 위아래는 접착제로 붙여둔다.

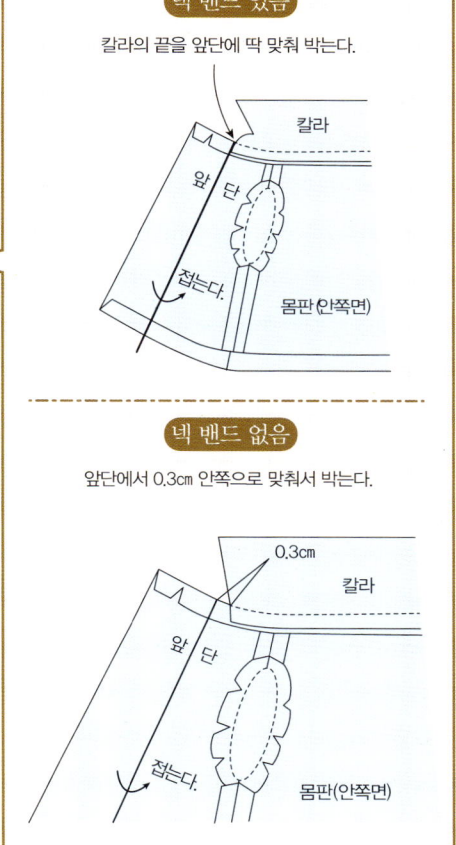

넥 밴드 있음
칼라의 끝을 앞단에 딱 맞춰 박는다.

넥 밴드 없음
앞단에서 0.3cm 안쪽으로 맞춰서 박는다.

11
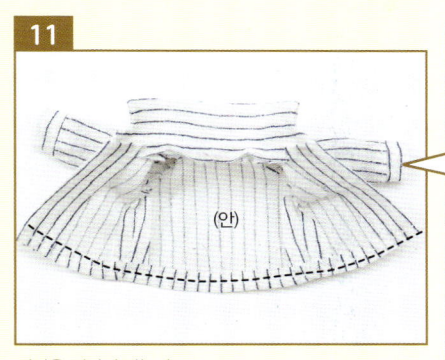
밑단을 접어서 박는다.

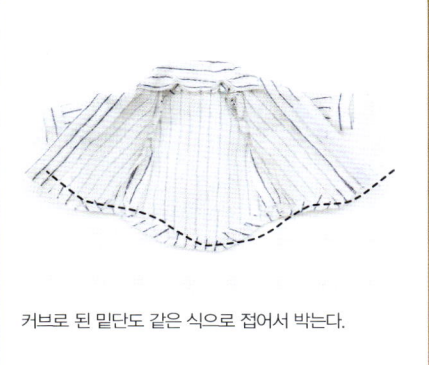
커브로 된 밑단도 같은 식으로 접어서 박는다.

12

앞단에 면 파스너를 단다.

13

4mm 단추를 왼쪽 몸판에 단다.

반소매 패턴도 준비했어요. 소맷부리를 완성선대로 접어 박는 것만으로도 반소매 OK! 커프스 없는 긴소매도 같은 식으로 완성할 수 있어요.

※ 좌우가 같거나 좌우가 단지 반전만 되어 있는 패턴은 * 표시를 했다.

접는다　　접는다

셔츠 뒤판　　셔츠 앞판*　　셔츠 앞판*

※회색의 만남 표시는 넥 밴드 없는 칼라를 다는 위치

밑단이 수평인 스퀘어 셔츠 타입

소매를 달지 않으면, 민소매 티로 완성!

셔츠 뒤판　　셔츠 앞판*　　셔츠 앞판*

※회색의 만남 표시는 넥 밴드 없는 칼라를 다는 위치

밑단이 곡선인 와이셔츠 타입

셔츠 반소매*

셔츠 반소매*

반소매

셔츠 긴소매*　　셔츠 긴소매*
(커프스 없음)　　(커프스 없음)

커프스가 없는 경우, 소매 기장을 0.5cm 추가한다

긴소매

원단 결 방향

셔츠 칼라(넥 밴드 없음)　　셔츠 칼라

※전에 붙여서 사용한다　　※전에 붙여서 사용한다

셔츠 커프스*　　셔츠 커프스*

※커프스의 원단결은 세로·가로 모두 괜찮다.

※칼라의 원단 결은 세로·가로·바이어스 등 선호하는 방향으로 바꿔도 괜찮다.

와이셔츠 패턴
→만드는 법 P.32~33

복사한 후, 잘라서 사용하세요

Chapter 4.

스탠드칼라 교복
— STAND-UP COLLAR —

실물 크기

Chapter 4.

스탠드칼라 교복

※이 페이지에서는 목둘레와 소매둘레의 시접을 모두 0.3㎝ 폭으로 설명하고 있습니다.

추억 속의 교복을 만들어 봐요!

1 → 패턴 P.38

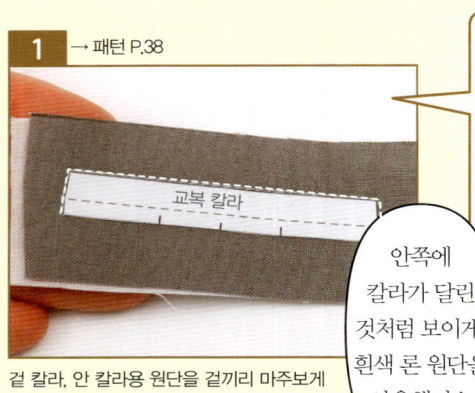

겉 칼라·안 칼라가 같은 천인 경우, 1장의 천을 반으로 접어 박는다.

접는선(골선) 쪽

※겉 칼라 원단이 두꺼운 경우, 안 칼라는 얇은 천을 사용하는 것이 좋다.

안쪽에 칼라가 달린 것처럼 보이게, 흰색 론 원단을 사용했어요.

겉 칼라, 안 칼라용 원단을 겉끼리 마주보게 겹친다. 패턴 뒤에 양면테이프를 붙이고, 그것을 가이드 삼아 주위를 박는다.

2

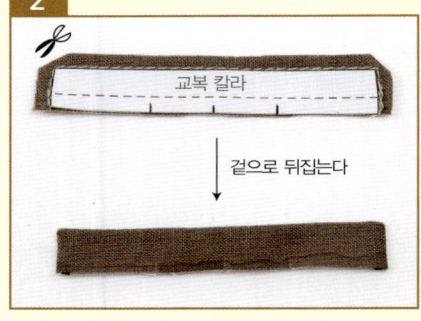

겉으로 뒤집는다

목둘레는 패턴대로 커트, 주변의 시접은 0.3㎝ 정도 남기고 커트하여 겉으로 뒤집는다.

3

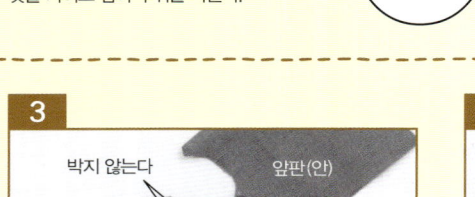

박지 않는다
앞판(안)
뒤판(안)

몸판의 어깨를 박아서 연결하되, 목둘레 쪽의 시접은 박지 않는다. 어깨의 시접은 가른다.

4

패턴의 가위집 위치에서 안쪽으로 접는다
뒤판(안)
앞판(안) 앞판(안)

끝까지 박아도 되지만, 이렇게 하면 칼라 달기가 한결 쉬워져요

앞단 윗부분을 접어 접착제로 붙인다.

5

뒤판(겉)
왼쪽 앞판(겉)
0.5㎝

왼쪽만 먼저 달아 둡니다

왼쪽 몸판의 안단 부분에 면 파스너를 박음질해 단다.

6

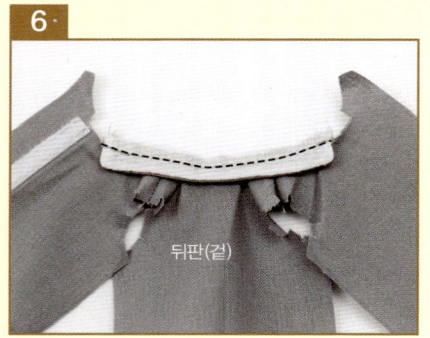

뒤판(겉)

칼라를 박음질해 단다.

7, 8

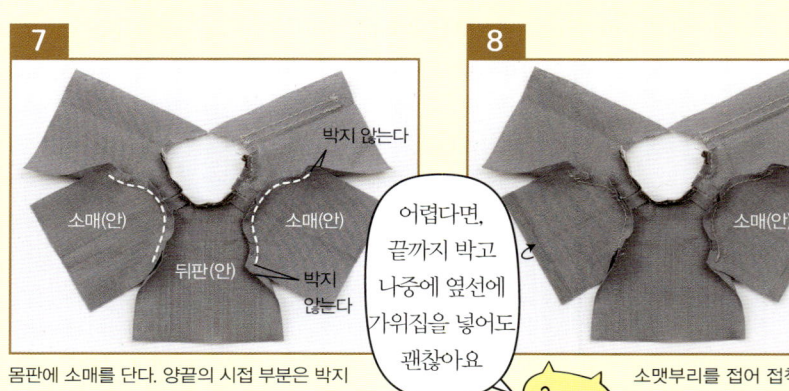

박지 않는다
소매(안) 소매(안)
뒤판(안)
박지 않는다

소매(안)

몸판에 소매를 단다. 양끝의 시접 부분은 박지 않는다.

어렵다면, 끝까지 박고 나중에 옆선에 가위집을 넣어도 괜찮아요

소맷부리를 접어 접착제로 붙인다. 또는 스티치를 넣는다.

Chapter 4.

소맷부리에 스티치를 넣기 싫을 경우

접착제가 겉으로 스며 나왔을 경우

지금이 접착심이 필요한 때!

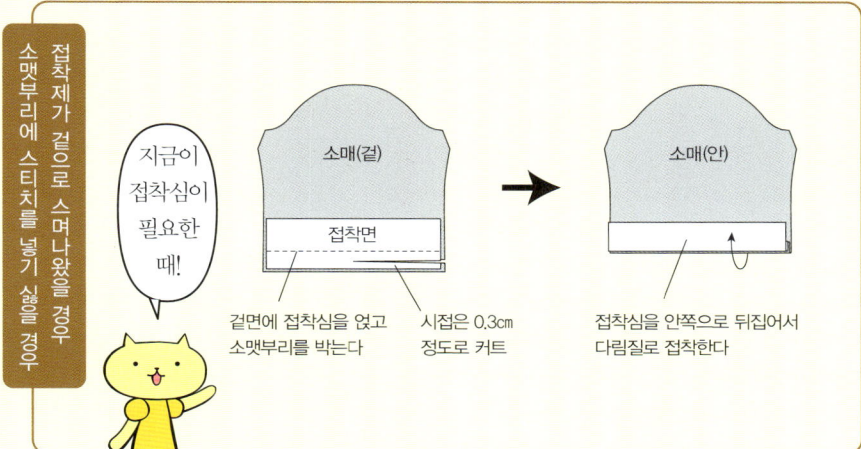

겉면에 접착심을 얹고 소맷부리를 박는다

시접은 0.3cm 정도로 커트

접착심을 안쪽으로 뒤집어서 다림질로 접착한다

9

박지 않은 부분이 가위집 역할을 해서, 쉽게 당기지 않아요

진동둘레의 시접을 가르고, 소매 아래~옆선을 박는다. 옆선의 시접은 가른다.

10

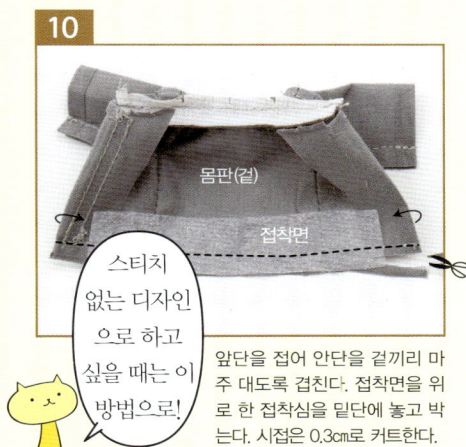

스티치 없는 디자인 으로 하고 싶을 때는 이 방법으로!

앞단을 접어 안단을 겉끼리 마주 대도록 겹친다. 접착면을 위로 한 접착심을 밑단에 놓고 박는다. 시접은 0.3cm로 커트한다.

11

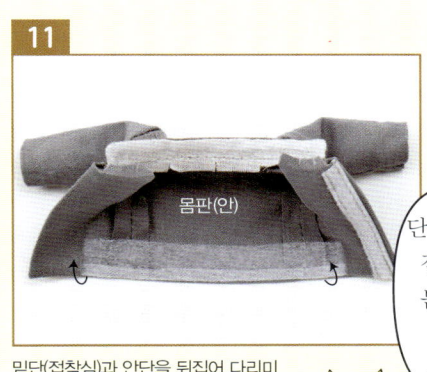

밑단(접착심)과 안단을 뒤집어 다리미로 접착한다. 접착심이 겉에서 보이지 않도록, 살짝 안쪽 면으로 치우치게 한다.

12

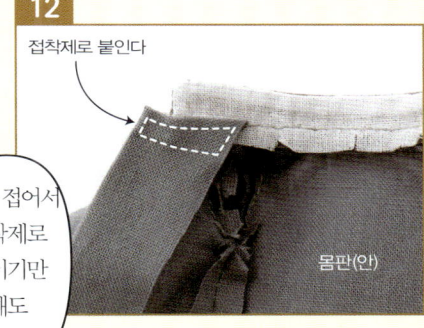

단은 접어서 접착제로 붙이기만 해도 좋아요

안단 윗부분 시접을 접어 접착제로 붙인다. 또는 감침질한다.

13

오른쪽 몸판의 가장자리에 면 파스너를 단다.

14

왼쪽 몸판과 소매에 단추나 핫픽스를 붙인다.

15

위 작품에서 앞 단추는 4mm 사이즈를, 소매 단추는 2mm 핫픽스를 사용했다.

Chapter 4.

프린트 원단에 인쇄할 용도로 시접이 있는 칼라의 패턴도 준비했어요

스탠드칼라 교복 패턴
→만드는 법 P.36~37

시접이 있는 패턴

스탠드칼라 길

※촌에 틀요 사용하다

스탠드칼라 길

밑단용 접착심

※칼라의 원단 결은 세로·가로·바이어스, 어떤 방향을 선택해도 문제없다

접는다   접는다

스탠드칼라 앞판*   스탠드칼라 앞판*

스탠드칼라 뒤판

원단 결 방향

스탠드칼라 긴소매*   스탠드칼라 긴소매*

※좌우가 같거나 좌우가 단지 반전만 되어 있는 패턴은 * 표시를 했다.

복사한 후, 잘라서 사용하세요

Chapter 5.

테일러드 재킷
— TAILORED JACKET —

실물 크기

Chapter 5.

테일러드 재킷

※이 페이지에서는 목둘레와 소맷부리의 시접을 모두 0.3cm 폭으로 설명하고 있습니다.

초보자분들을 위해, 일반적인 방법과 다른 순서로 만들어 봤어요

1 → 패턴 P.42
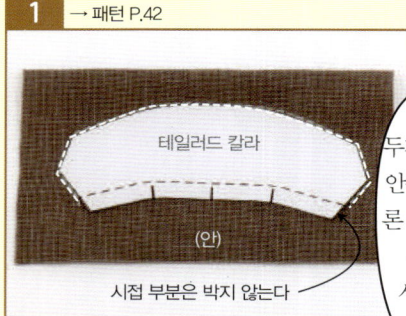
칼라용 원단 2장을 겉끼리 마주보게 겹친다. 패턴 뒤에 양면테이프를 부착해 원단에 붙이고, 그것을 가이드 삼아 박는다.

2

겉감이 두꺼운 경우, 안쪽 칼라는 론 같은 얇은 원단을 사용하면 좋아요

목둘레는 패턴대로, 주위의 시접분은 0.3cm 정도 남기고 커트. 겉 칼라 쪽의 시접은 안쪽으로 접는다.

3
겉으로 뒤집어 다리미로 모양을 정리한다.

4

몸판의 어깨를 박음질로 잇고 시접을 가른다. 목둘레의 시접 부분은 박지 않는다.

5

왼쪽만 먼저 달아 둡니다
왼쪽 몸판의 안단 부분에 면 파스너를 박아 단다.

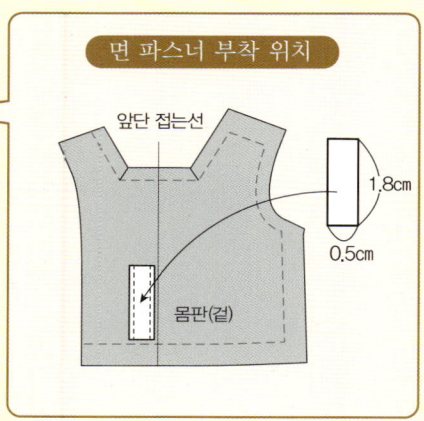
면 파스너 부착 위치

6
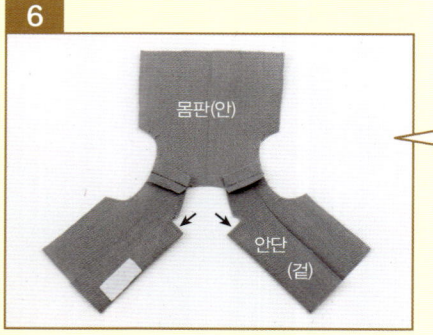
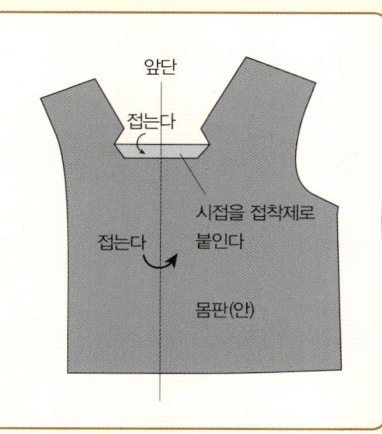
안단의 윗부분 시접을 접어 접착제로 붙인다. 이어서 앞단을 안쪽으로 접는다. 안단의 끝은 어깨 시접 밑에 감춘다.

7

겉 칼라를 박지 않도록 주의하세요!
몸판 위에 안 칼라가 밑으로 가게 칼라를 놓고, 안 칼라와 몸판을 박음질한다. 시접이 0.5cm인 경우 박음질 후에 0.3cm 정도로 자른다.

Chapter 5.

칼라가 붕 뜨는 경우, 이 부분을 다리미로 확실히 접어두는 게 좋습니다.

8

안 칼라의 시접을 위로 접고 겉 칼라를 덮는다.

9

몸판의 앞단 윗부분~목둘레+몸판을 공그르기로 쭉 꿰매서 합친다.

10

몸판에 소매를 단다. 양끝의 시접 부분은 박지 않는다. 소맷부리를 접어서 접착제로 붙이거나 스티치를 넣는다.

어렵다면 끝까지 박고, 나중에 가위집을 넣어도 됩니다

11

진동둘레의 시접을 가르고, 소매 아래~옆선을 박는다.

박지 않은 부분이 가위집 역할을 해서, 당기지 않아요

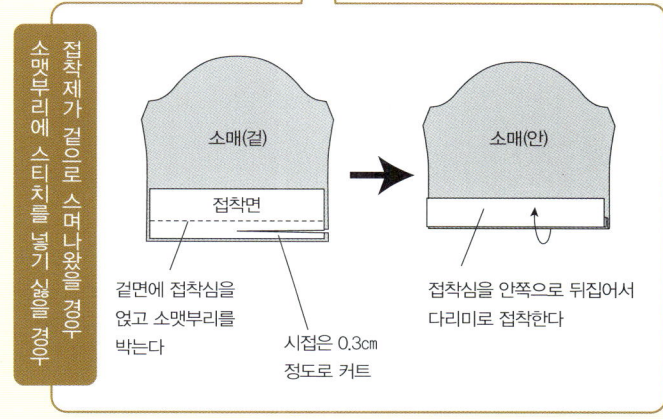

접착제가 겉으로 스며 나왔을 경우 / 소맷부리에 스티치를 넣기 싫을 경우

겉면에 접착심을 얹고 소맷부리를 박는다

시접은 0.3cm 정도로 커트

접착심을 안쪽으로 뒤집어서 다리미로 접착한다

12

앞단을 접어, 안단을 겉끼리 마주대게 겹친다. 밑단에 접착심을 놓고 박은 후, 시접을 0.3cm로 커트한다.

스티치 없는 디자인을 원할 때는 이 방법으로! 접어서 접착제로 붙이기만 해도 좋아요

13

밑단(접착심)을 뒤집어서 다리미로 접착하고, 오른쪽 몸판에 면 파스너를 단다.

14

왼쪽 몸판과 소매에 단추나 핫픽스를 단다. 위의 작품에서는 4mm 핫픽스를 사용했다.

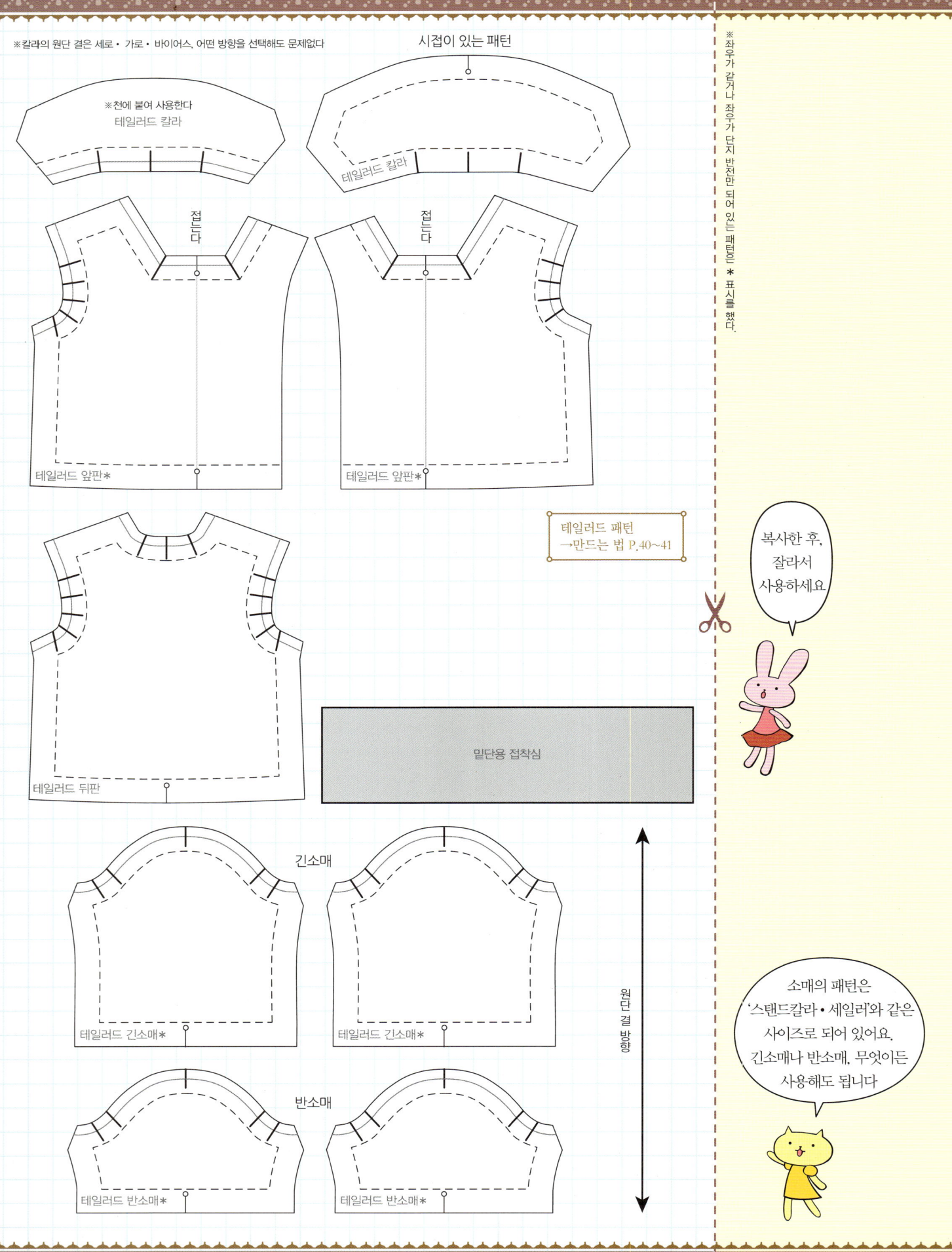

Chapter 6.

세일러 탑
— SAILOR JACKET —

실물 크기

Chapter 6.

세일러 탑

세일러 칼라 · 테일러드풍 칼라

※이 페이지에서는 목둘레와 진동둘레의 시접을 모두 0.3cm 폭으로 설명하고 있습니다.

세일러 칼라와 테일러드풍 칼라의 재킷입니다

1 → 패턴 P.47

겉 칼라, 안 칼라용 원단을 겹친다. 패턴 뒤에 양면테이프를 붙여 원단에 붙이고, 그것을 가이드 삼아 주위를 박는다.

얇은 천일 경우, 칼라의 이 부분을 둥글게 만들어도 좋다.

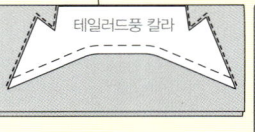 

세일러 칼라와 테일러드풍 칼라의 재킷입니다

2

가위집 0.3cm

모서리는 커트하고, 테일러드 칼라에는 가위집을 넣으세요

목둘레는 패턴대로, 주위의 시접은 0.3cm 정도 남기고 커트하여 겉으로 뒤집는다.

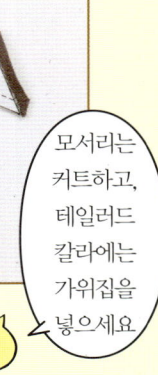

3

박지 않는다

몸판의 어깨를 박아 연결한다. 목둘레 쪽의 시접은 박지 않는다.

4

끝까지 박아도 좋지만, 이렇게 하면 칼라 달기가 조금 편해집니다

안단의 위쪽(뒤중심)을 겉끼리 마주대어 박음질한다.

5

어깨와 안단 위쪽의 시접을 가른다.

6

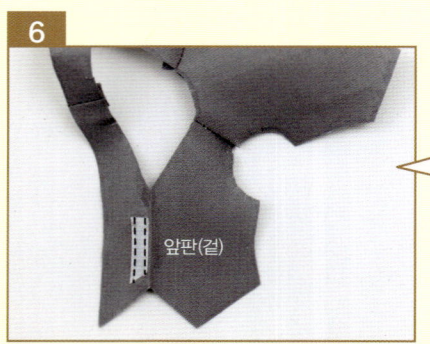

왼쪽 몸판의 안단 부분에 면 파스너를 박음질해 단다.

면 파스너 다는 위치

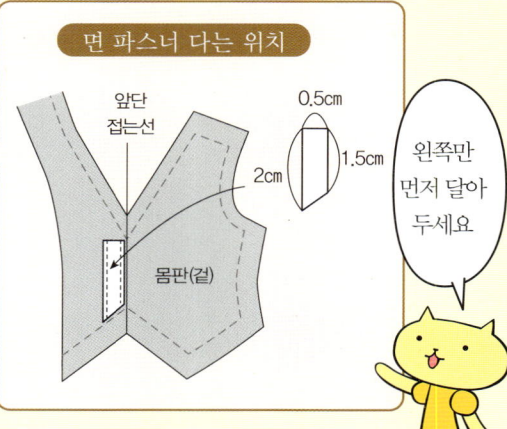

앞단 접는선
0.5cm
1.5cm
2cm
앞판(겉)
몸판(겉)

왼쪽만 먼저 달아 두세요

소매까지 없으면 조끼도 가능하구나! 칼라 없이 만들면 브이넥 재킷이,

Chapter 6.

7

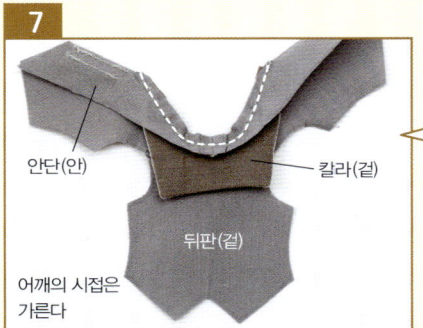

안단을 겉끼리 마주보게 접은 상태에서, 칼라를 몸판과 안단 사이에 끼우고 박는다.

세일러 칼라 다는 위치
앞단에서 0.4cm 평행으로 이동한 선과 칼라 박음선의 끝이 교차하는 위치에 맞춰서 박는다. (튀어나온 부분은 자른다.)

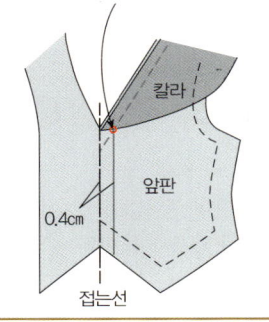

테일러드풍 칼라 다는 위치
앞단과 칼라의 박음선이 교차하는 위치에 맞춰서 박는다. (튀어나온 부분은 자른다.)

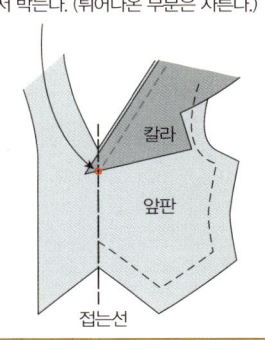

💬 칼라와 몸판에 지워지는 펜으로 선을 그려서 맞추면 편해요

8
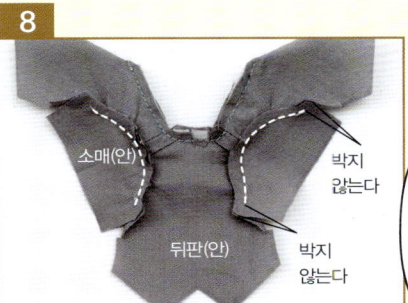

몸판에 소매를 단다. 양끝의 시접 부분은 박지 않는다.

💬 긴소매도 같은 식으로 만들어요

9
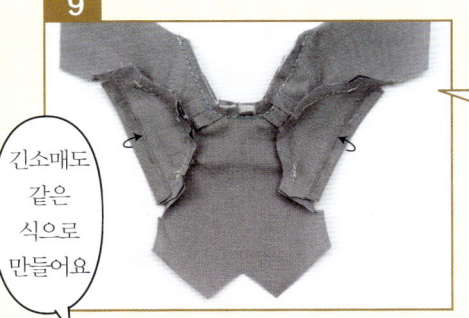

소맷부리를 접어서 접착제로 붙인다. 또는 스티치를 넣는다.

소맷부리에 스티치를 넣고 싶지 않을 경우 접착제가 겉으로 스며나올 경우

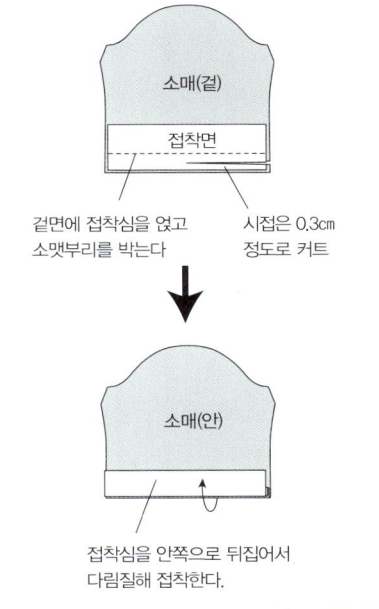

겉면에 접착심을 얹고 소맷부리를 박는다
시접은 0.3cm 정도로 커트
접착심을 안쪽으로 뒤집어서 다림질해 접착한다.

10

진동둘레의 시접을 가르고, 소매 아래~옆선을 박는다. 옆선의 시접은 가른다.

💬 박지 않은 부분이 가위집 역할을 해서 당기지 않아요

11
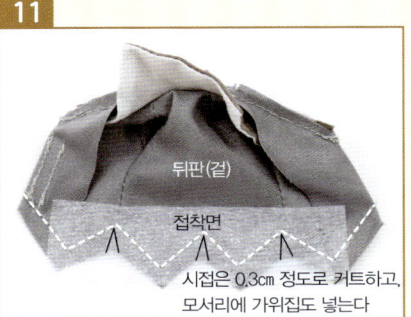

밑단에 접착심을 대고 박는다. 직선인 밑단도 같은 식으로 박는다.
※ 스탠드칼라, 테일러드 페이지 참조.

시접은 0.3cm 정도로 커트하고, 모서리에 가위집 넣는다

Chapter 6.

12 밑단(접착심)과 안단을 뒤집어 다리미로 접착한다. 접착심이 겉에서 보이지 않도록 살짝 안쪽으로 당겨준다.

13 오른쪽 몸판에 면 파스너를 붙인다.

14 왼쪽 몸판과 소매에 단추나 핫픽스를 단다. 위의 작품에는 4mm 핫픽스를 사용했다.

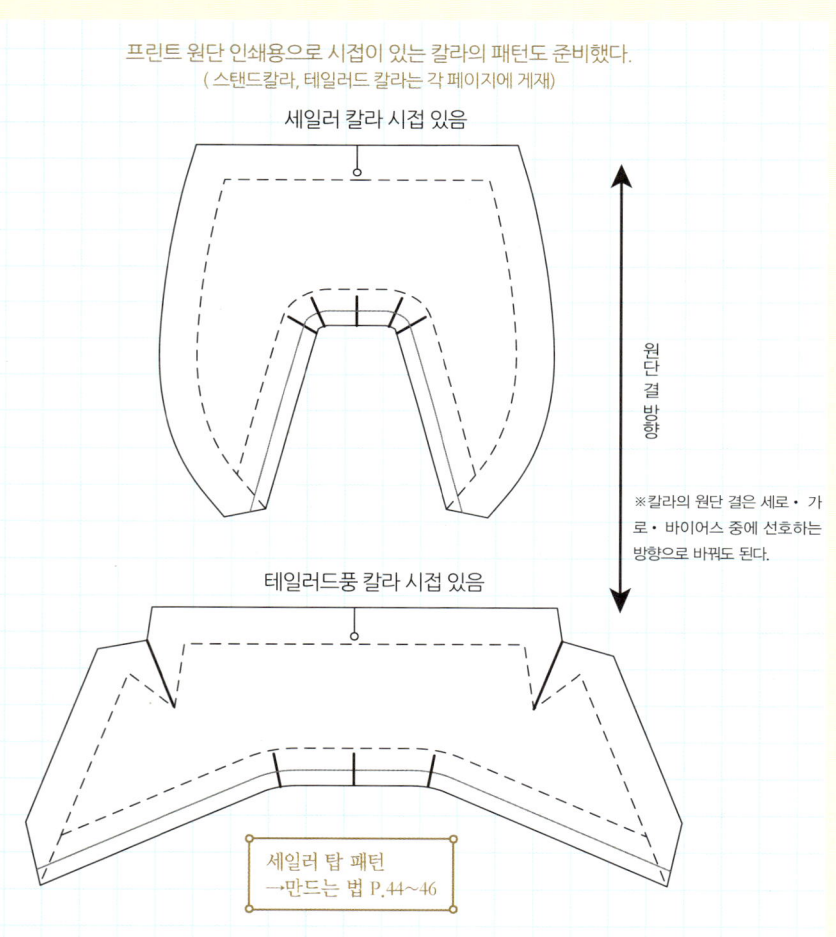

프린트 원단 인쇄용으로 시접이 있는 칼라의 패턴도 준비했다.
(스탠드칼라, 테일러드 칼라는 각 페이지에 게재)

세일러 칼라 시접 있음

원단 결 방향

※칼라의 원단 결은 세로·가로·바이어스 중에 선호하는 방향으로 바꿔도 된다.

테일러드풍 칼라 시접 있음

세일러 탑 패턴
→만드는 법 P.44~46

프린트 원단은 두꺼우므로, 안 칼라는 론 같이 얇은 원단을 사용한다.

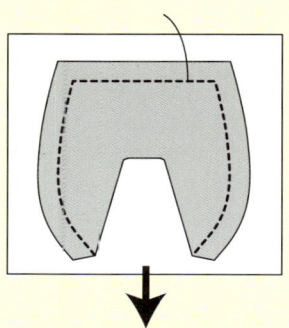

주위를 0.3cm 정도 커트하고 목둘레에 가위집을 넣은 후, 겉으로 뒤집는다.

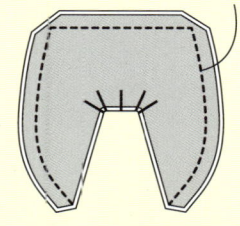

테일러드풍 칼라는 이 부분에도 가위집을 넣는다. (너무 자르면 올이 풀리니 주의)

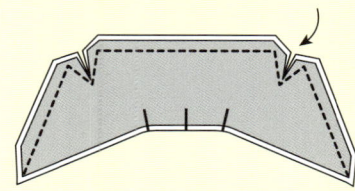

Chapter 6.

긴소매로 만들고 싶을 때는「테일러드 재킷」의 긴소매 패턴을 사용하세요!

※천에 붙여 사용한다
세일러 칼라

복사한 후, 잘라서 사용하세요

원단 결 방향

세일러 반소매*   세일러 반소매*

밑단용 접착심

※칼라의 원단 결은 세로·가로·바이어스, 어떤 것으로 바꾸어도 상관없다

※천에 붙여 사용한다
테일러드풍 칼라

테일러드풍 칼라

세일러 앞판*   세일러 앞판*   세일러 뒤판

V자 밑단 타입

세일러 탑 패턴
→만드는 법 P.44~46

세일러 앞판*   세일러 앞판*   세일러 뒤판

수평 밑단 타입

※좌우가 같거나 좌우가 단지 반전만 되어 있는 패턴은 * 표시를 했다.

47

Chapter 7.

트레이닝 웨어
— TRAINING SUITS —

실물 크기

트레이닝 웨어

앞여밈 만드는 법을 마스터합시다!

1 → 패턴 P.52

시접 부분은 박지 않는다

어렵다면 끝까지 박고, 나중에 옆선에 가위집을 넣어도 됩니다

소매와 몸판을 박아서 연결한다. 옆선의 시접 부분은 박지 않는다.

2

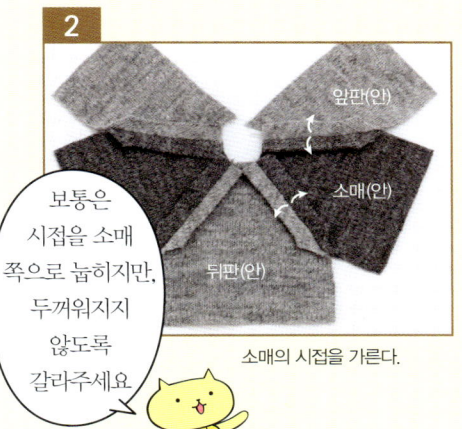

보통은 시접을 소매 쪽으로 눕히지만, 두꺼워지지 않도록 갈라주세요

소매의 시접을 가른다.

3

소맷부리 파츠

소맷부리 파츠를 반으로 접어, 조금씩 늘리면서 시침핀으로 고정한 다음 박는다. 시접을 소매 쪽으로 눕히고 끝에 스티치, 또는 접착제로 붙인다.

4

골선 부분이 밑으로 가게 단다.

반으로 접은 칼라를 몸판에 박음질해 단다.

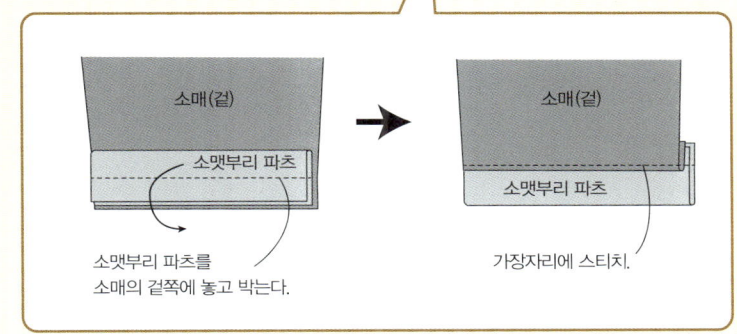

소맷부리 파츠를 소매의 겉쪽에 놓고 박는다.

가장자리에 스티치.

5

소매와 동일하게 칼라의 시접을 몸판 쪽으로 눕히고 가장자리에 스티치, 또는 접착제로 붙인다.

6

몸판과 소매를 겉끼리 마주보게 겹치고 소매~옆선을 박는다. 옆선의 시접을 가른다.

박지 않은 부분이 가위집 역할을 해서 당기지 않아요

7

반으로 접은 밑단 파츠를 조금씩 늘려가면서 몸판에 시침핀으로 고정한 후, 박음질해 단다.

몸판과 밑단의 중심을 맞추세요

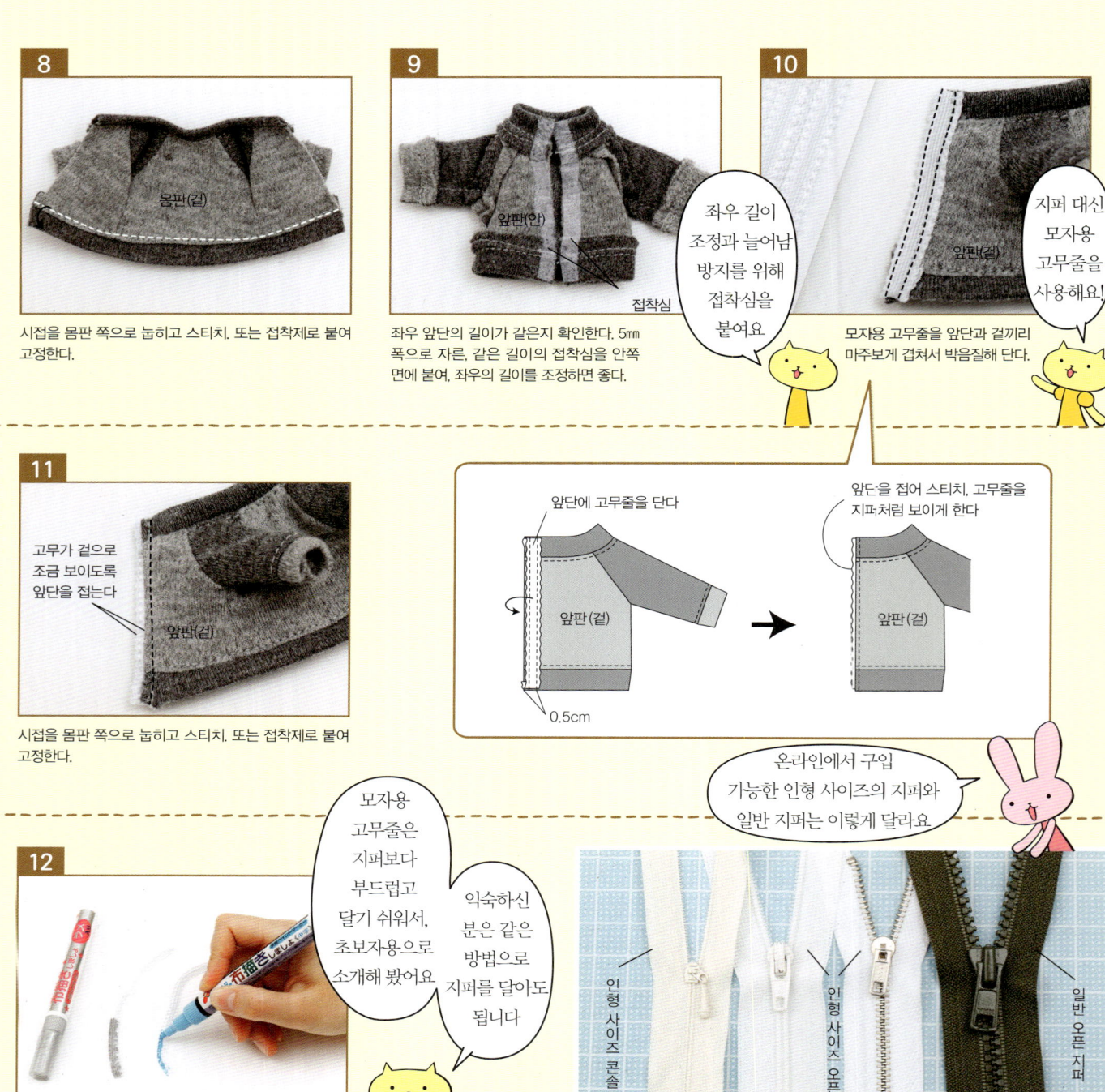

Chapter 7.

인형 사이즈 콘솔 지퍼

인형 사이즈 콘솔 지퍼는 오비츠11 사이즈에도 잘 맞지만, 완전한 앞여밈이 되지는 않는다.

콘솔 지퍼의 이빨 부분만 앞단에 달아도 좋다.

인형 사이즈 콘솔 지퍼 하나로 2벌을 만들 수 있다.

면 파스너 공부하기

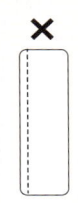
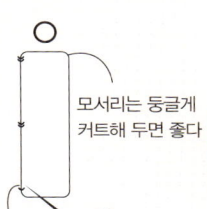
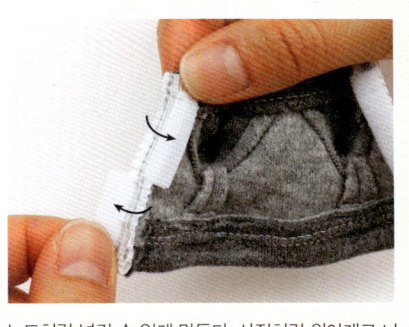

면 파스너의 단 전체를 재봉하지 말고, 2~3곳 정도를 느슨하게 감침질한다

모서리는 둥글게 커트해 두면 좋다

오른쪽 몸판에 면 파스너를 2등분해 손바느질로 단다. (왼쪽 몸판은 보통처럼 안쪽에 단다.)

노트처럼 넘길 수 있게 만든다. 사진처럼 위아래로 나눠 둔다.

파스너를 안쪽으로 넣으면 앞이 열린다.

반만 열 수도 있다.

전체를 잠그는 것도 가능하다. 까끌까끌한 면이 천에 걸릴 수 있어, 소재에 따라서는 사용할 수 없는 경우도 있다.

주의하세요!

Chapter 7.

트레이닝 웨어 패턴
→만드는 법 P.49~51

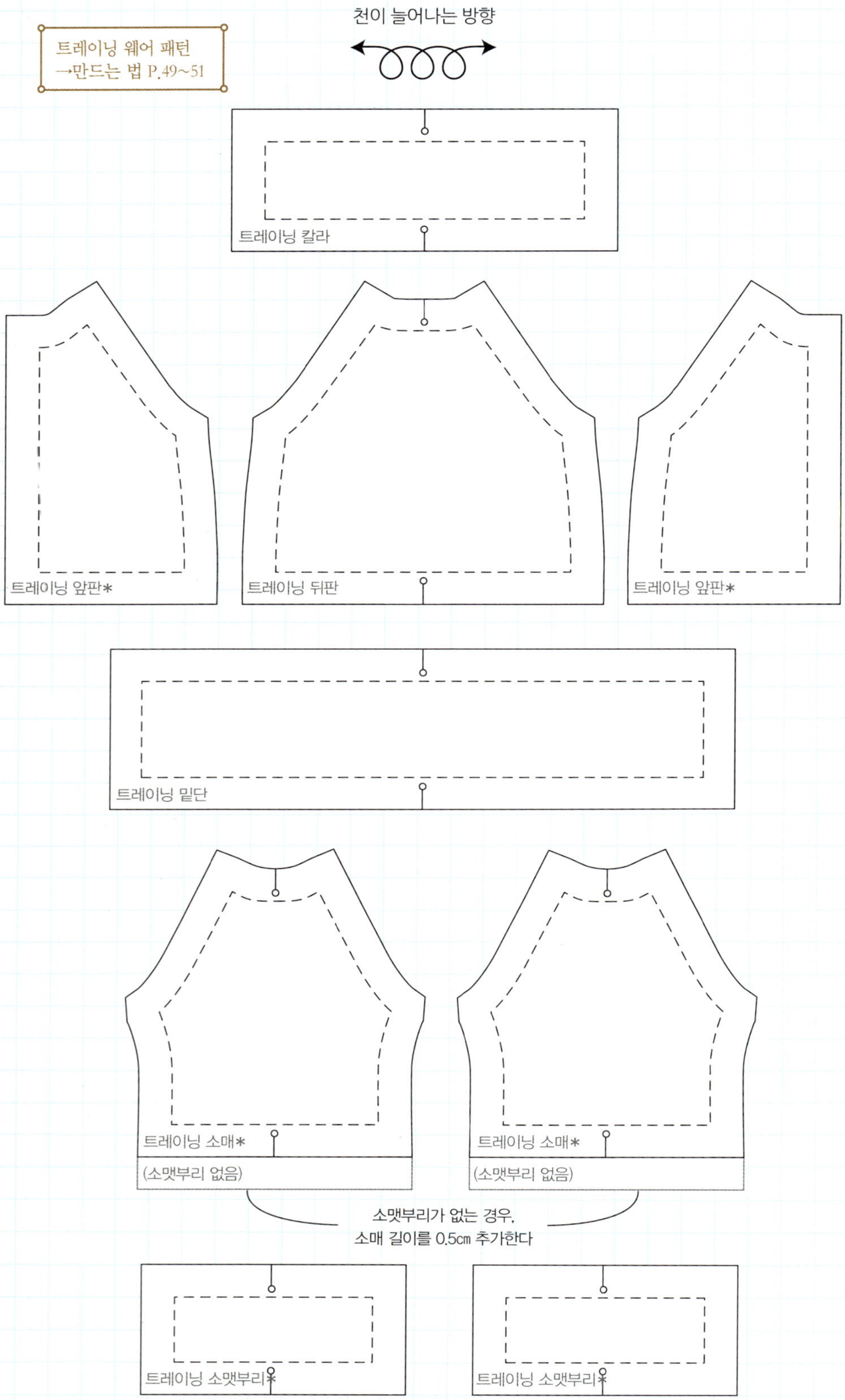

천이 늘어나는 방향

트레이닝 칼라

트레이닝 앞판*　　트레이닝 뒤판　　트레이닝 앞판*

트레이닝 밑단

트레이닝 소매*　　　트레이닝 소매*
(소맷부리 없음)　　(소맷부리 없음)

소맷부리가 없는 경우,
소매 길이를 0.5㎝ 추가한다

트레이닝 소맷부리*　　트레이닝 소맷부리*

※ 좌우가 같거나 좌우가 단지 반전만 되어 있는 패턴은 * 표시를 했다.

복사한 후, 잘라서 사용하세요

Chapter 8.

후드 티
— HOODIE —

실물 크기

Chapter 8.

후드 티

착용을 위해 뒤쪽에 여밈이 있어요

1 → 패턴 P.56~57

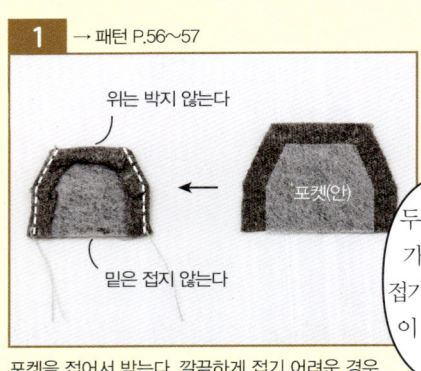

포켓을 접어서 박는다. 깔끔하게 접기 어려운 경우에는 시접에 가늘게 자른 접착심을 붙여서 그것을 가이드 삼아 접으면 좋다.

두꺼운 종이 가이드로도 접기 힘들 때는 이 방법으로!

2

포켓을 앞 몸판의 중심에 놓고, 윗부분만 박음질해서 단다.

3

어렵다면 끝까지 박고, 나중에 옆선에 가위집을 넣어도 괜찮아요

소매와 몸판을 박음질한다. 옆선의 시접 부분은 박지 않는다.

4

소매의 시접을 가른다. 뒤 중심에 0.5cm 폭으로 자른 접착심을 붙인다.

붙이는 편이 깔끔하게 완성돼요!

5

뒷단에 0.5cm(폭)×2.4cm의 면 파스너를 박음질해 단다.

미리 달아 두세요

6

왼쪽 후드의 시접(트임 끝까지)에 접착심을 붙이고, 후드의 윗부분~뒤의 트임 끝까지 박는다.

7

후드의 입구를 안쪽으로 접어서 박는다. (윗부분 시접은 가름솔)

테두리가 있는 후드의 경우

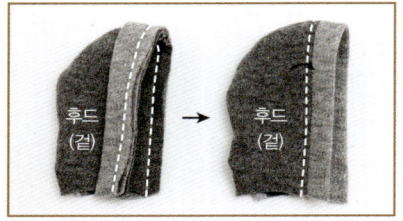

후드 입구를 반으로 접어 겉쪽에 맞춰서 박고, 시접을 안쪽으로 눕힌다. 가장자리에 스티치, 또는 접착제로 시접을 고정한다.

테두리 부분 원단의 결 방향은 가로·세로, 취향대로 바꿔도 된다.

8

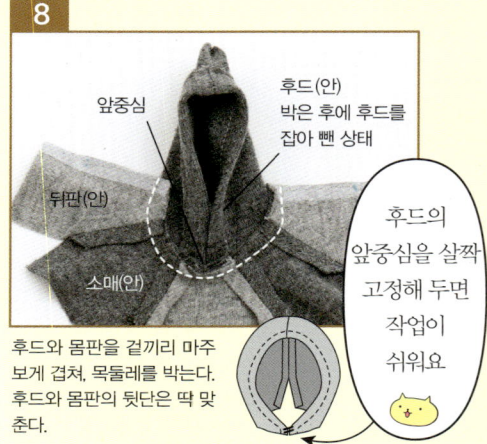

후드와 몸판을 겉끼리 마주 보게 겹쳐, 목둘레를 박는다. 후드와 몸판의 뒷단은 딱 맞춘다.

후드의 앞중심을 살짝 고정해 두면 작업이 쉬워요

Chapter 8.

9
시접을 몸판 쪽으로 눕히고 몸판 목둘레의 가장자리에 스티치. 또는 접착제로 붙인다.

10
소맷부리 파츠를 반으로 접어 조금씩 늘려가며 박는다. 시접을 소매 쪽으로 눕히고, 가장자리에 스티치. 또는 접착제로 붙인다.

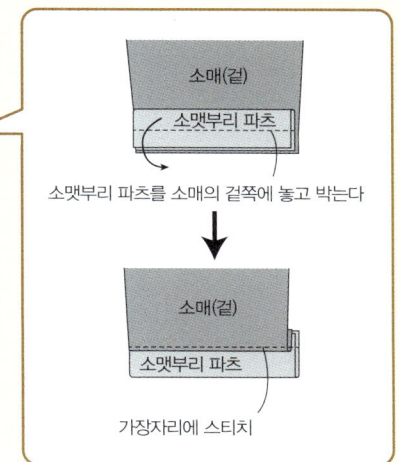
소맷부리 파츠를 소매의 겉쪽에 놓고 박는다
가장자리에 스티치

11
소매 아래~옆선을 박는다.

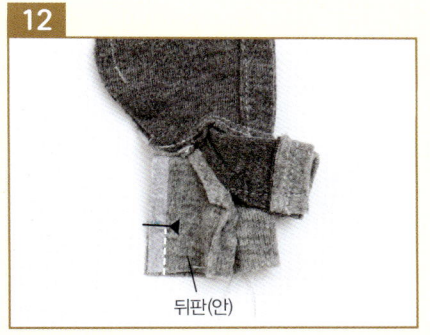
12
뒤중심을 트임 끝까지 박는다.

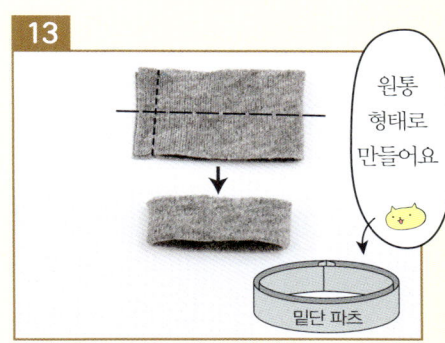
13
원통 형태로 만들어요
밑단 파츠를 겉끼리 마주보게 겹쳐 끝을 박고, 시접을 갈라 반으로 접는다. 앞중심에 표시를 해 두면 좋다.

14
박은 후, 아래로 내린다.
접힌 부분을 위로 해서 몸판에 끼운다
밑단 파츠를 조금씩 당겨가며 밑단에 맞춰 박는다.

15
밑단의 시접을 몸판 쪽으로 눕히고, 스티치를 넣는다.

16
트임 부분의 가장자리에 스티치
오른쪽 뒤중심을 접어, 스티치를 넣는다. 목둘레 주변은 감침질하여 봉해 둔다.

Chapter 8.

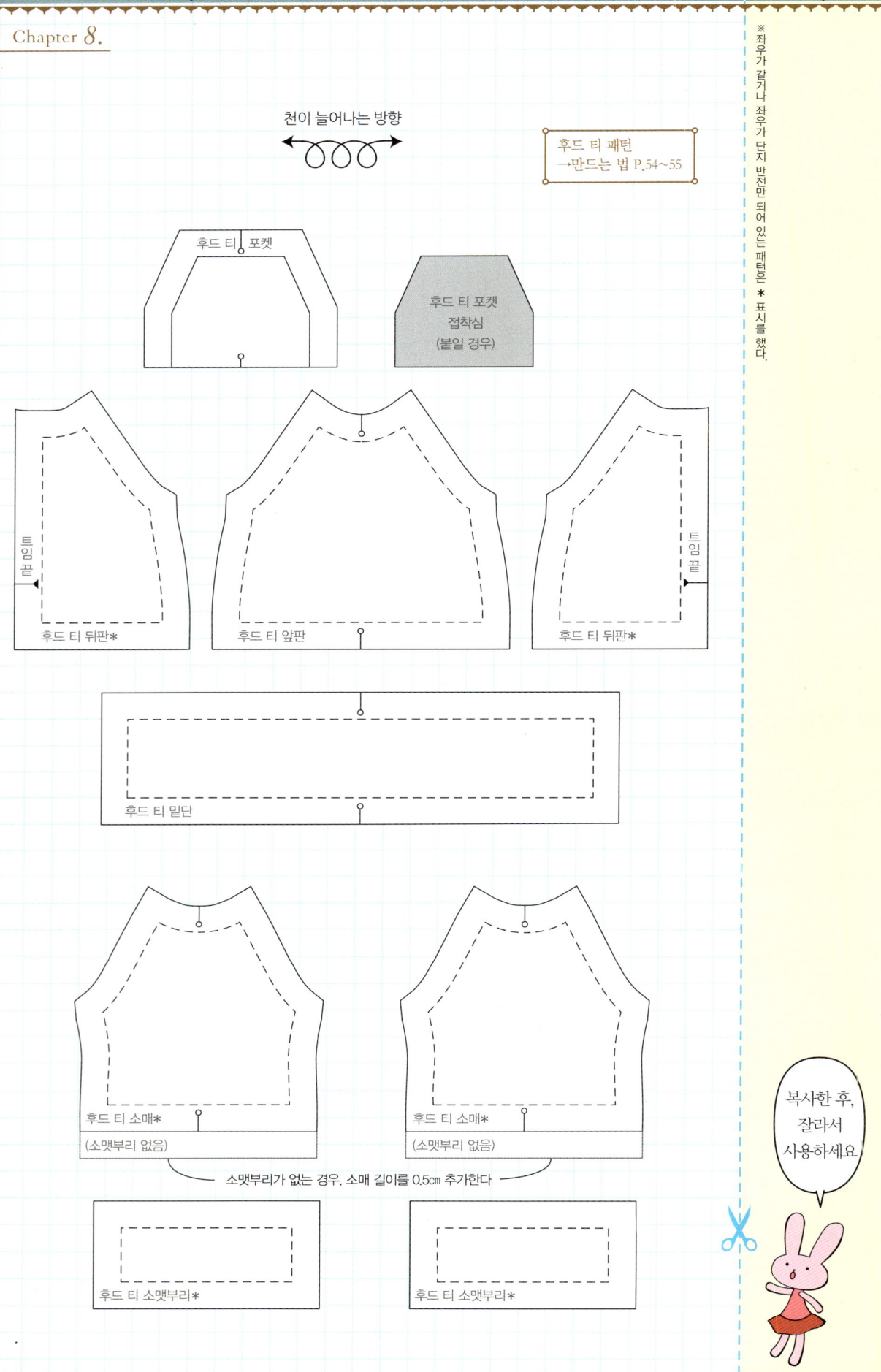

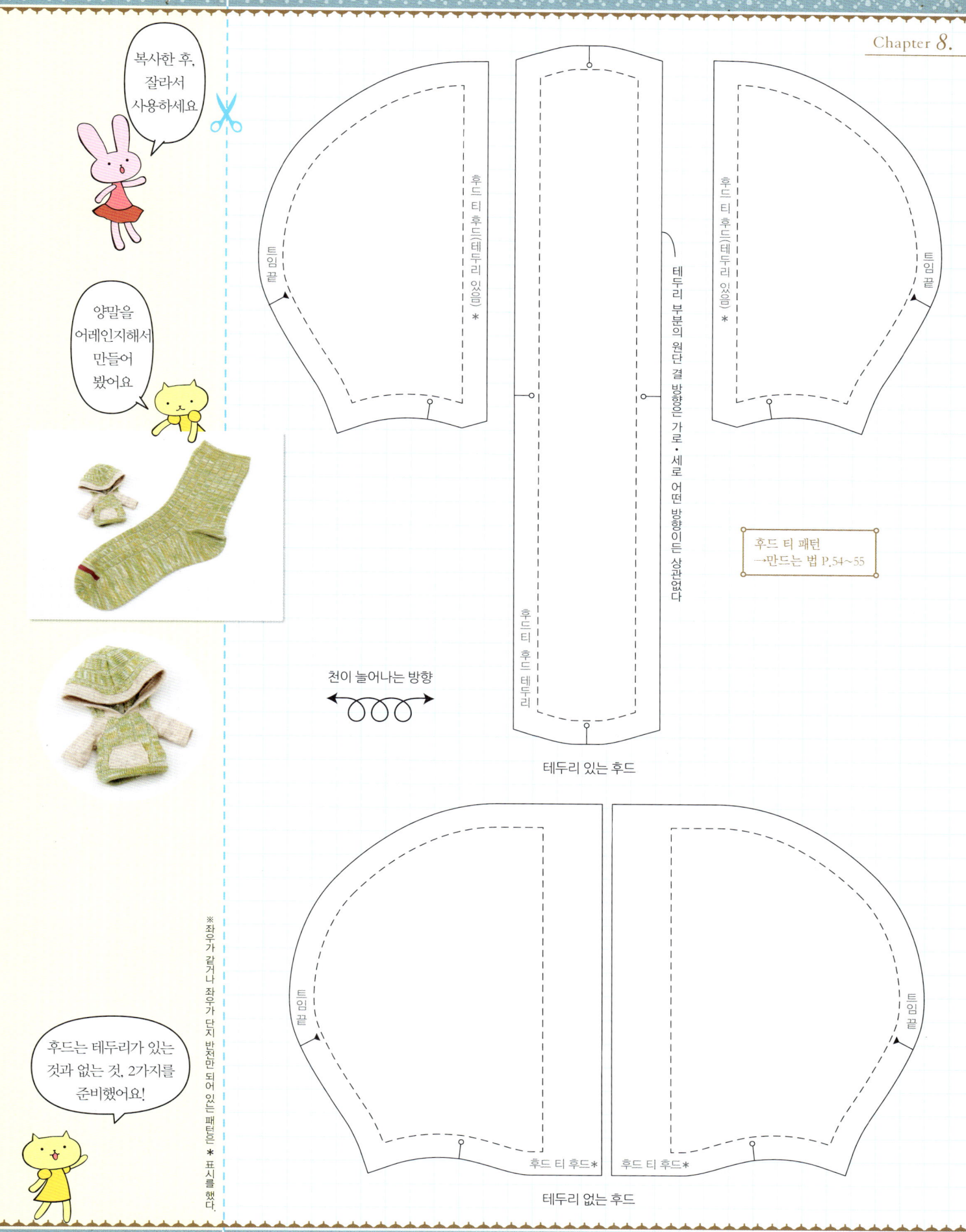

Chapter 9.

간단 팬츠
— PANTS I —

실물 크기

Chapter 9.

간단 팬츠

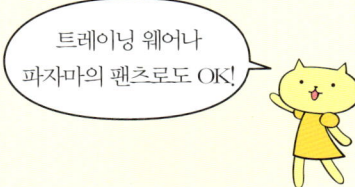
트레이닝 웨어나 파자마의 팬츠로도 OK!

하프 팬츠도 만드는 방법은 같아요

좋아하는 리본 같은 것으로 라인을 넣는 것도 좋다

니트 원단의 경우, 너무 자르면 올이 풀리니 가위집은 시접의 반 정도까지 넣는다

1 → 패턴 P.59

팬츠 2장을 겉끼리 마주보게 겹쳐 한쪽만 밑위를 박는다. 아래에서 0.5㎝는 박지 않는다.

2 접착제로 붙인다

시접을 가른다. 고무줄을 쉽게 통과시키기 위해, 시접 부분을 접착제로 붙여 두는 것이 좋다.

접착제가 겉으로 스며나오지 않게 주의하세요

3

허리 부분을 1㎝ 접어서 박는다.

이때 고무줄을 끼워서 박으면 시간이 단축됩니다

4

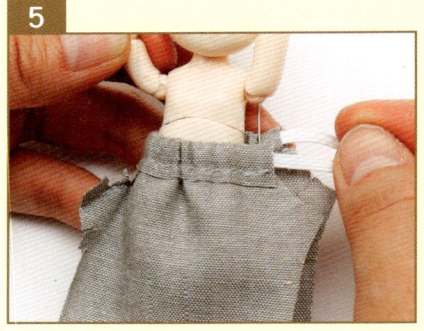

밑단을 0.5㎝ 접어 박는다. 또는 접착제로 붙인다.

5

허리에 고무줄을 끼우고 인형에 감아서, 적당한 사이즈로 조절한다. 고무줄이 빠지지 않게 끝을 살짝 박음질해 두는 것도 좋다.

6 고무줄도 같이 박는다

겉끼리 마주보게 겹쳐서 다른 한쪽의 밑위를 박는다. 아래에서 0.5㎝는 박지 않는다.

7

튀어나온 고무줄은 커트. 시접을 가르고 밑아래를 박는다.

8

겉으로 뒤집어서 완성.

Chapter 9.

손바느질의 경우

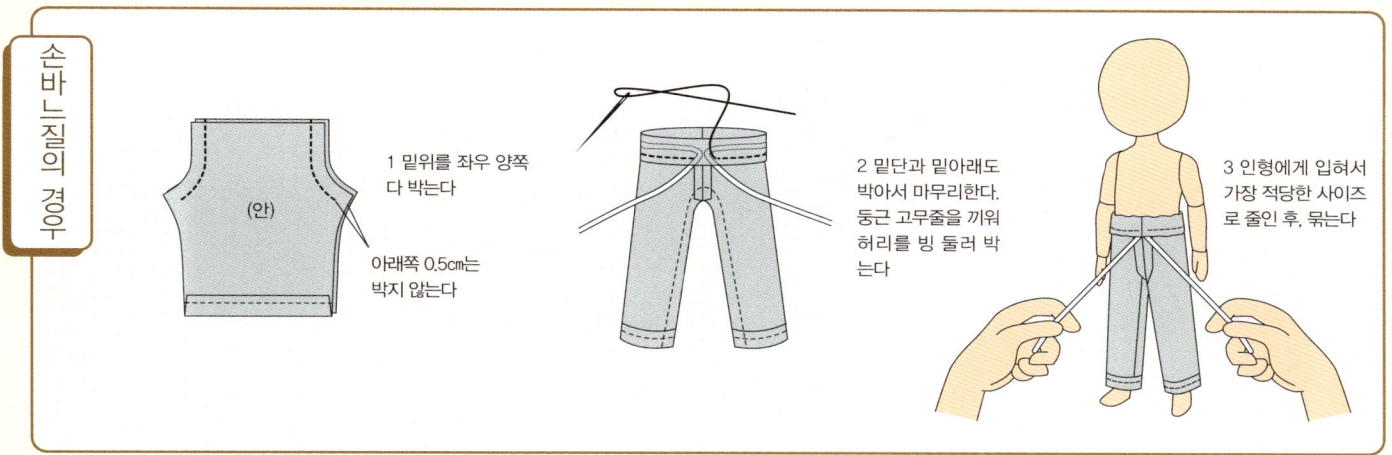

1 밑위를 좌우 양쪽 다 박는다

아래쪽 0.5cm는 박지 않는다

2 밑단과 밑아래도 박아서 마무리한다. 둥근 고무줄을 끼워 허리를 빙 둘러 박는다

3 인형에게 입혀서 가장 적당한 사이즈로 줄인 후, 묶는다

하프 팬츠의 밑단 어레인지

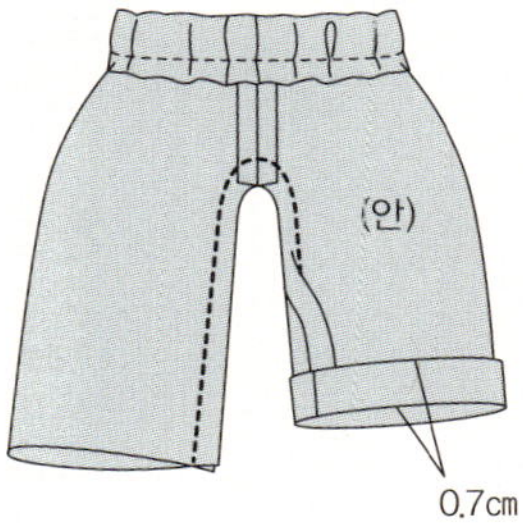

하프 팬츠를 호박바지 풍으로 어레인지해 봅시다!

밑아래를 박은 다음. 밑단을 0.7cm 접는다

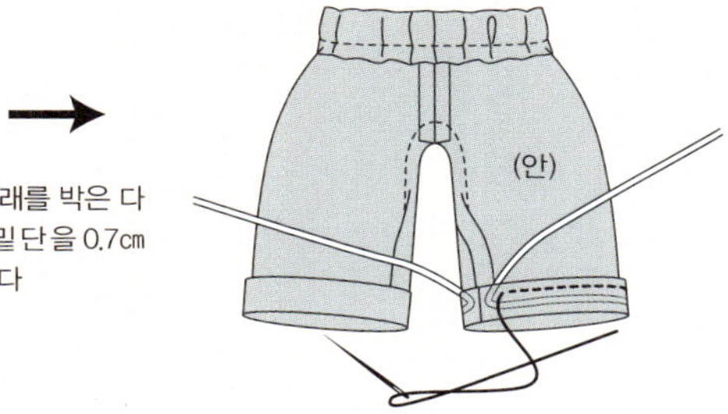

0.7cm

위와 같은 방법으로 둥근 고무줄을 끼우면서 밑단을 빙 둘러 박고, 인형에게 입힌 후 적당한 길이로 묶는다.

옆의 작품은 1.5mm 폭의 새틴 리본 3개를 접착제로 붙이고 재봉틀로 박았다

3개를 박는 것이 어려운 분은 3mm 폭의 리본 1개만 달아도 트레이닝 웨어의 느낌이 납니다

접착제로 붙이기만 해도 괜찮아요

Chapter 10.

기본 팬츠
— PANTS II —

실물 크기

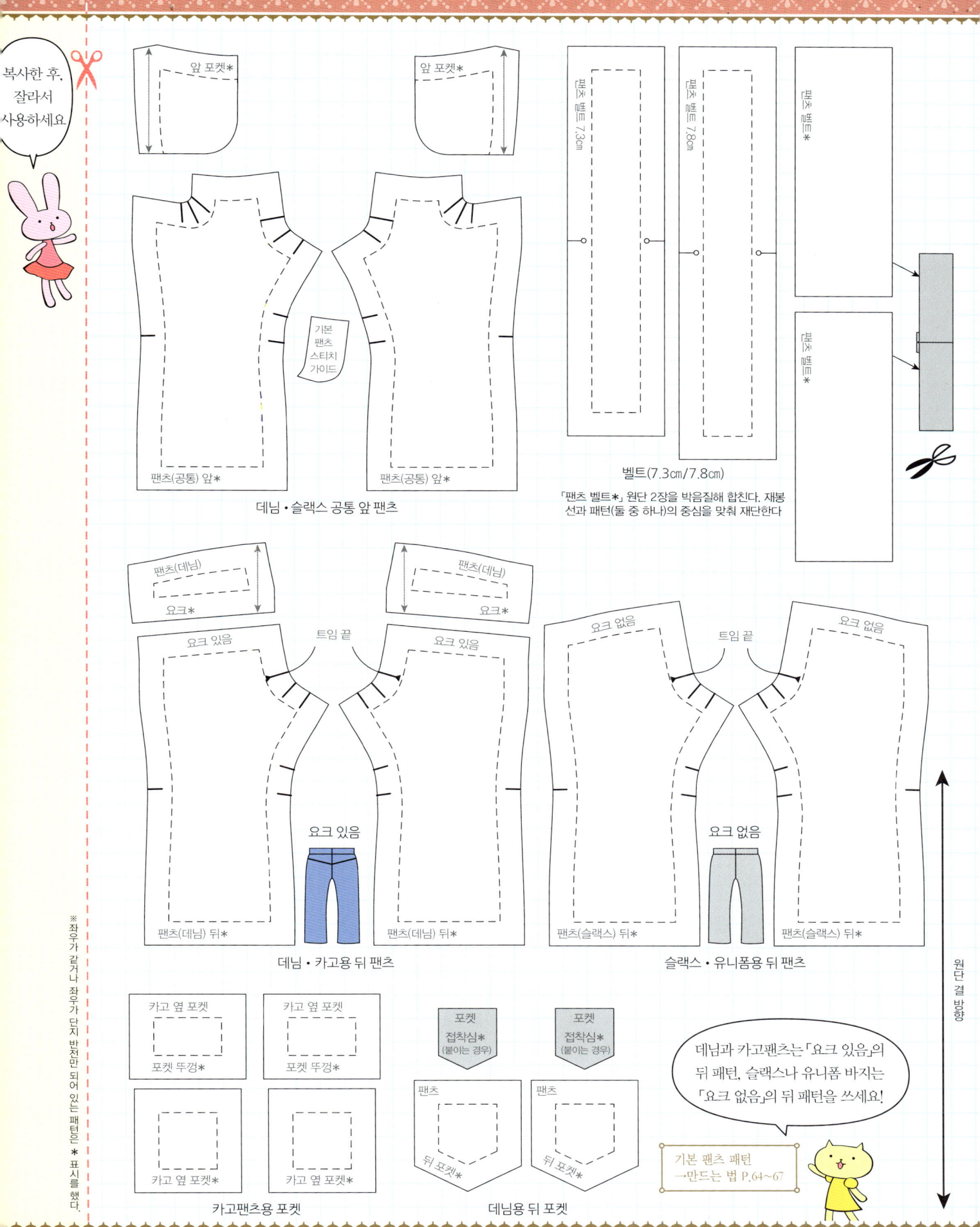

Chapter *10.*

기본 팬츠

데님 • 카고팬츠 • 슬랙스

앞 포켓이 달린 기본 팬츠예요

1 → 패턴 P.63

뒤 팬츠에 요크를 달고, 시접을 밑으로 눕힌 후 스티치. 또는 접착제로 붙인다. (요크가 있는 팬츠만)

2

앞 팬츠의 포켓 부분을 다림질로 접어 스티치. 또는 접착제로 붙인다. 왼쪽 팬츠는 앞 중심에 페이크 스티치를 한다.

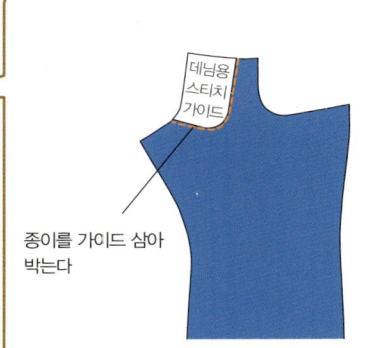
페이크 스티치는 지워지는 펜으로 선을 긋고 박아도 좋지만, 스티치 가이드의 뒤에 양면테이프를 부착해 패턴에 붙이면 정확하게 박기 쉽다

3
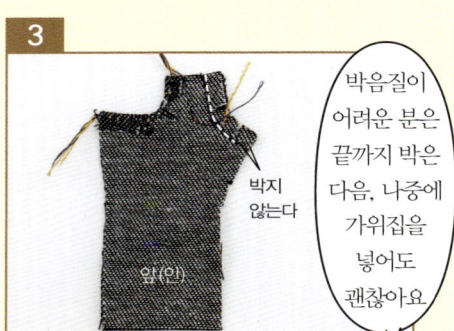
앞 팬츠의 밑위를 박는다. (아래에서 0.5㎝는 박지 않는다.)

박음질이 어려운 분은 끝까지 박은 다음, 나중에 가위집을 넣어도 괜찮아요

4

앞 팬츠의 시접을 가른다. 앞뒤 옆선을 겉끼리 마주보게 겹치고, 포켓 파츠를 올린다.

5

옆선을 박고, 시접을 갈라 둔다.

6

데님, 카고팬츠는 옆선(뒤판 쪽)에 스티치를 하고, 밑단을 접어서도 스티치를 한다.

밑단에 스티치를 넣고 싶지 않을 때는 접착제로 붙여도 돼요

7
벨트를 겉끼리 마주보게 겹쳐 끝을 박고 펼친다.

8
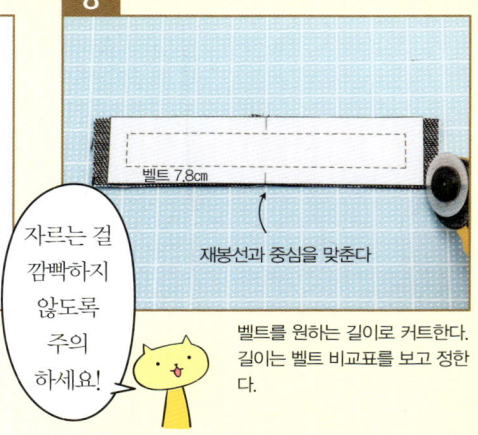
벨트를 원하는 길이로 커트한다. 길이는 벨트 비교표를 보고 정한다.

자르는 걸 깜빡하지 않도록 주의 하세요!

Chapter *10.*

9

벨트의 시접은 왼쪽으로 눕힌다

(벨트(안))
(겉)

벨트와 팬츠의 허리 부분을 겉끼리 마주보게 겹친다. 왼쪽 팬츠는 뒤중심의 시접을 접는다. 오른쪽은 접지 않고 끝과 끝을 딱 맞게 맞춘다. 박음질로 합친 후 시접을 0.3~0.4cm 폭으로 커트한다.

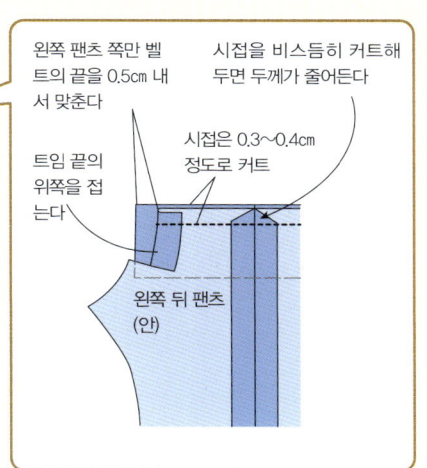
왼쪽 팬츠 쪽만 벨트의 끝을 0.5cm 내서 맞춘다
시접을 비스듬히 커트해 두면 두께가 줄어든다
트임 끝의 위쪽을 접는다
시접은 0.3~0.4cm 정도로 커트
왼쪽 뒤 팬츠 (안)

10

벨트(안)
(안)

시접을 감싸듯이 벨트를 접는다.

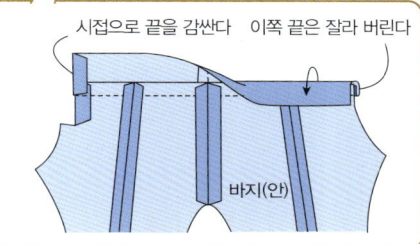
시접으로 끝을 감싼다   이쪽 끝은 잘라 버린다
바지(안)

11

(겉)

겉에서 벨트에 스티치. 스티치를 넣고 싶지 않다면, 접착제로 붙이거나 이어진 자리의 위를 박는다.

12

(겉) (안)

트임 끝에서 위쪽 시접에 면 파스너를 단다.

미리 달아 두세요

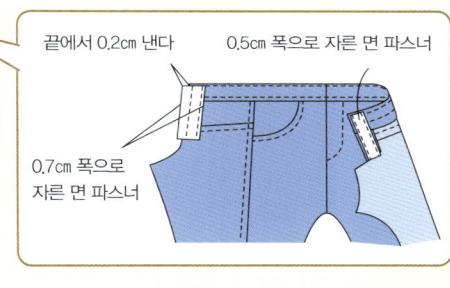
끝에서 0.2cm 낸다   0.5cm 폭으로 자른 면 파스너
0.7cm 폭으로 자른 면 파스너

13

위만 접어서 미리 박아둔다

접착심을 붙인다 → 접어서 박는다 → 접는다

미리 위쪽을 박은 다음에 가장자리를 접어요

포켓 만들기. 깔끔하게 접기 어려우면 접착심을 붙이고 그것을 가이드 삼아 접어, 접착제로 임시 고정해 두면 좋다.

카고팬츠의 포켓

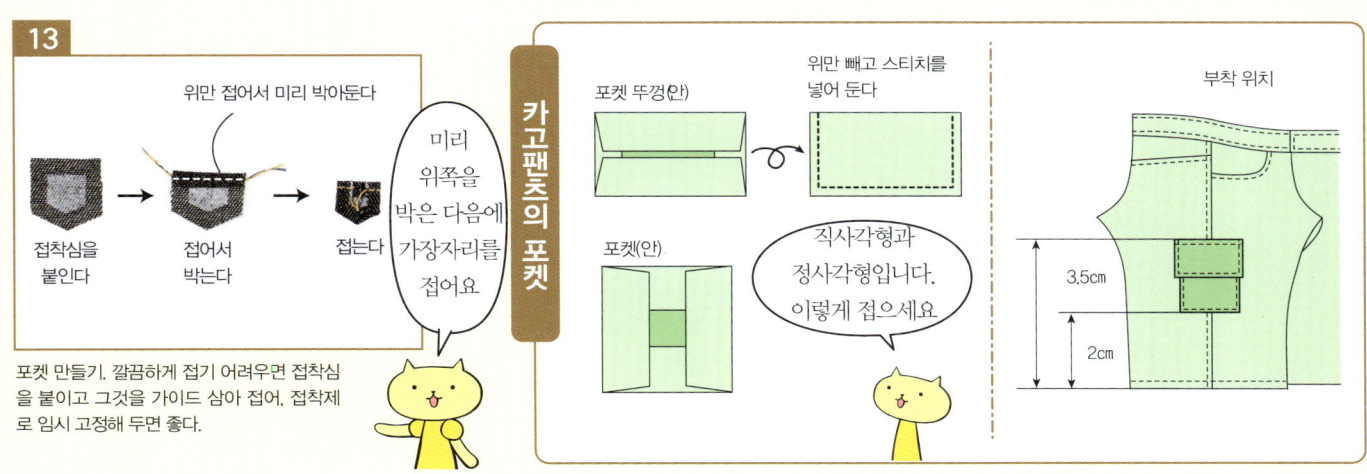

포켓 뚜껑(안)
위만 빼고 스티치를 넣어 둔다
포켓(안)
직사각형과 정사각형입니다. 이렇게 접으세요
부착 위치
3.5cm
2cm

Chapter 10.

14

뒤 팬츠에 포켓을 단다.

15

뒤의 밑위를 트임 끝까지 박는다. (아래 0.5cm는 박지 않는다.)

16

밑위 시접을 가르고, 밑아래를 박는다.

17

겉으로 뒤집어 핫픽스나 단추를 단다. 위의 작품에는 2mm 와 4mm의 핫픽스를 사용했다.

스티치에 관하여

데님의 경우, 스티치 부분을 두꺼운 30번 실로 바꾸면 스티치가 눈에 확 띈다.

> 장식용 스티치는 평상시보다 땀을 조금 넓게 했을 때 리얼한 느낌이 납니다

트임 부분에 관하여

바지에 상의를 넣어 입힐 때, 면 파스너가 자주 열린다면 스프링 후크를 달아준다.

> 사이즈 조절이 가능하도록 실고리를 2군데 정도 만들어주면 좋아요

인형을 앉힐 때, 면 파스너가 잘 보인다.

얇게 만들기 위해, 면 파스너를 여밈분으로 쓸 수도 있지만 확 열릴 우려가 있어 여기서는 시접을 겹치는 방법을 사용했다.

Chapter 10.

벨트 사이즈 비교표

벨트는 얇은 천용인 7.3cm, 데님이나 트윌 등 조금 두꺼운 천용인 7.8cm를 준비했다. 사진을 참고해서 원하는 사이즈를 선택하면 된다.

7온스 데님/벨트 7.8cm 　　면 시팅/벨트 7.8cm 　　면 시팅/벨트 7.3cm

오버롤처럼 팬츠에 가슴 부분을 추가하고 싶다면, 얇은 천이라도 7.8cm 벨트를 하는 게 좋아요

7온스 데님/벨트 7.8cm 　　면 시팅/벨트 7.8cm 　　면 시팅/벨트 7.3cm
티셔츠 인　　　　　　　　티셔츠 인　　　　　　　　티셔츠 인

원단 두께가 고민될 때

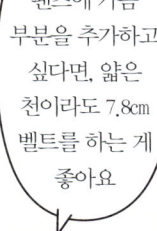

1mm 이상 어긋남
중간 두께의 원단

※모자나 펠트 소재의 아이템은 제외.

많이 어긋나는 천은 박음질이 조금 힘드니 초보자분들은 주의해주세요

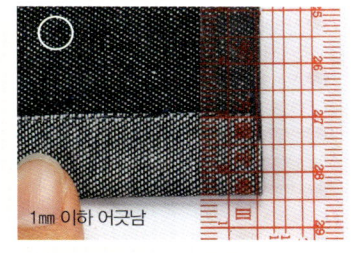

1mm 이하 어긋남
7온스 데님

전혀 어긋나지 않음
얇은 소재(면 론, 시팅, 브로드 등)

2장의 원단 끝을 딱 맞춰 겹쳐서 반으로 접었을 때, 전혀 어긋나지 않거나 1mm 이하로 어긋나는 천이 오비츠11 사이즈의 의상에 적당하다.

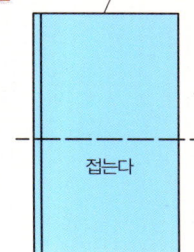

끝을 딱 맞춰 겹쳐서 접는다

접는다

67

Chapter 11.

호박바지
— BLOOMERS —

실물 크기

※ 좌우가 같거나 좌우가 단지 반전만 되어 있는 패턴은 * 표시를 했다.

호박바지 패턴
→만드는 법 P.70~71

호박벨트 7.3cm
호박벨트 7.8cm
호박벨트*
호박벨트*

벨트 원단 2장을 박음질해 합친 후, 재봉선과 벨트 패턴의 중심을 맞춰 커트하세요

벨트(7.3cm/7.8cm)

호박바지 포켓*
호박바지 포켓*

호박바지 스티치 가이드

※천에 붙여 사용한다

호박바지 앞*
호박바지 앞*

트임 끝

원단 결 방향

복사한 후, 잘라서 사용하세요

호박바지 뒤*
호박바지 뒤*

호박바지 밑단*
호박바지 밑단*

※밑단의 원단 결은 가로·세로 무엇으로 해도 상관없다

Chapter 11.

호박바지

기장을 바꾸는 어레인지도 좋아요!

1 → 패턴 P.69

앞 팬츠의 포켓 부분을 다리미로 접고 스티치. 또는 접착제로 붙인다. 왼쪽 팬츠는 앞중심에 페이크 스티치를 한다.

페이크 스티치는 지워지는 펜으로 선을 긋고 박음질해도 좋지만, 패턴 뒤에 양면테이프를 붙여 원단에 붙이면 정확하게 박을 수 있다.

2

앞 팬츠의 밑위를 박는다. (아래쪽의 0.5cm는 박지 않는다.) 시접은 가른다.

박음질이 어려운 분은 끝까지 박은 다음, 나중에 가위집을 넣어도 괜찮아요

3

앞뒤의 옆선을 겉끼리 마주보게 겹치고, 포켓 파츠를 놓는다.

4

옆선을 박는다. (시접은 갈라둔다.)

5

밑단에 주름용 박음질※을 한다. 2줄을 박으면 주름이 안정적이다. (손바느질해도 괜찮다.)
실을 길게 남겨둔다

6 / 7 / 8

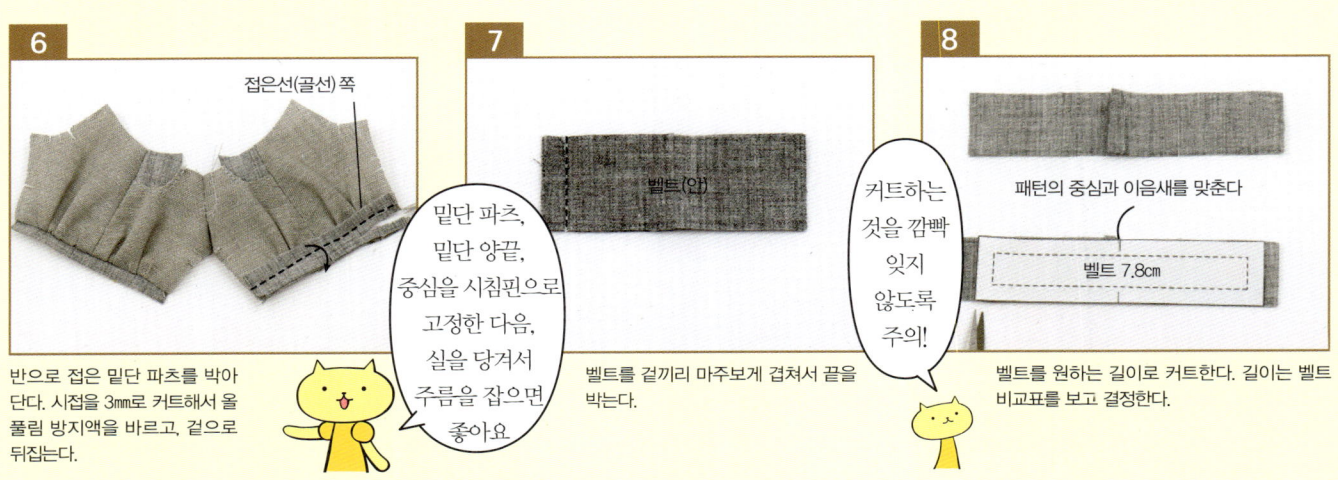

6 반으로 접은 밑단 파츠를 박아 단다. 시접을 3mm로 커트해서 올 풀림 방지액을 바르고, 겉으로 뒤집는다.

밑단 파츠, 밑단 양끝, 중심을 시침핀으로 고정한 다음, 실을 당겨서 주름을 잡으면 좋아요

7 벨트를 겉끼리 마주보게 겹쳐서 끝을 박는다.

커트하는 것을 깜빡 잊지 않도록 주의!

8 벨트를 원하는 길이로 커트한다. 길이는 벨트 비교표를 보고 결정한다.

※주름 잡는 법: 바늘땀을 넓게 (2~3mm) 설정하고, 2줄을 나란히 박는다. 2줄의 실을 양쪽에서 잡아당겨 줄이면서, 천에 섬세하고 균일한 주름을 잡는다.

Chapter 11.

9

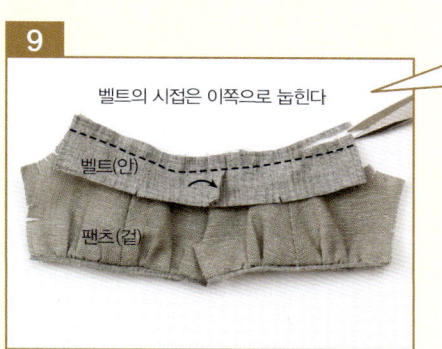
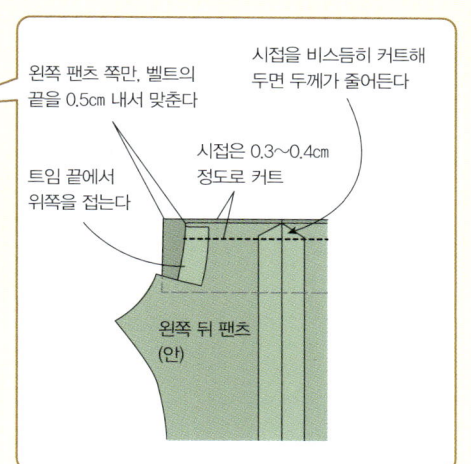

왼쪽 팬츠 뒤중심의 시접을 접는다. 허리에 벨트를 달고, 시접을 0.3~0.4cm 폭으로 커트한다.

10

시접을 감싸듯이 벨트를 접는다.

11

겉에서 벨트에 스티치. 스티치를 넣고 싶지 않다면, 접착제로 붙이거나 이어진 부분의 위를 박는다.

12

트임 끝에서 위쪽의 시접에 면 파스너를 단다.

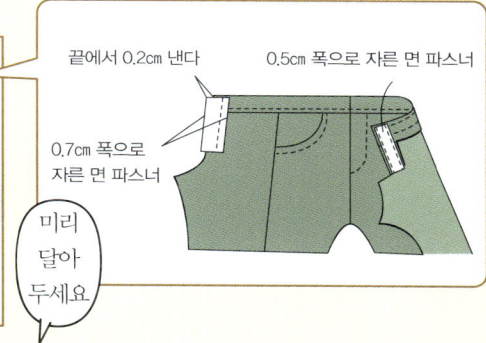

미리 달아 두세요

13

뒤의 밑위를 트임 끝까지 박는다. 아래 0.5cm는 박지 않는다.

14

밑위의 시접을 가르고, 밑아래를 박는다.

겉으로 뒤집으면 호박바지 완성!

Chapter 12.

스킨슈트
— SKIN SUITS —

실물 크기

Chapter 12.

※ 좌우가 같거나 좌우가 단지 반전만 되어 있는 패턴은 ＊ 표시를 했다.

천이 늘어나는 방향

뒤판

※옆선의 가위집은 박은 후에 넣는다

댄스 코스튬

앞판

뒤여밈 하이넥 칼라

댄스 코스튬　하이넥 칼라

뒤여밈

상의는「뒤여밈・하이넥」이나 「앞여밈・셔츠 칼라」중 좋은 것을 사용하세요

뒤판

※옆선의 가위집은 박은 후에 넣는다

댄스 코스튬

앞판

앞여밈 셔츠 칼라

댄스 코스튬 셔츠 칼라

＊천에 붙여서 사용

앞여밈

코스튬 패턴
→만드는 법 P.74~75

뒤　　　　　　　　뒤

댄스 코스튬 팬츠＊　　　댄스 코스튬 팬츠＊

원단 결 방향

복사한 후, 잘라서 사용하세요

Chapter 12.

댄스 코스튬

※이 페이지에서는 목둘레와 진동둘레의 시접을 모두 0.3㎝ 폭으로 설명하고 있습니다.

라이더 슈트나 사이클 웨어 등, 어레인지를 다양하게! 뒤여밈 하이넥 패턴도 있습니다. 재봉실은 니트용의 레지론사를 추천합니다

1 → 패턴 P.73

천에 선을 그리는 것보다 정확하게 박을 수 있어요

칼라를 만든다. 패턴 뒤에 양면테이프를 붙여 천에 붙이고, 그것을 가이드 삼아 박는다.

2

양끝의 시접을 0.3㎝ 정도 남기고 커트, 목둘레는 패턴대로 커트하고 겉으로 뒤집는다.

3

심을 붙여두면 깔끔하게 완성할 수 있어요

여밈 부분의 시접에 0.5㎝ 폭으로 자른 접착심을 붙인다.

4

만남 표시에 칼라의 끝을 맞춰서 박음질해 단다.

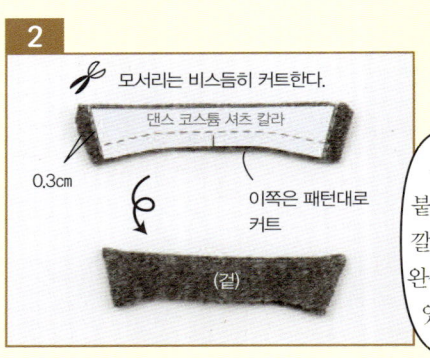

패턴에 표시되어 있는 이 위치에 칼라의 끝을 맞춘다

5

소맷부리를 안으로 접은 후, 접착제로 붙인다. 또는 재봉틀로 박는다.

6

앞단을 접는다. 목둘레의 시접 쪽에서 안단 부분을 공그른다.

7

앞단에는 스티치를 넣는다. 또는 접착제로 붙인다.

8

이곳이 위로 가게 겹친다.

앞을 0.5㎝ 겹쳐서 아래쪽이 어긋나지 않도록 박아 둔다.

9	10	11

팬츠의 밑단을 접어서 박는다.	좌우의 팬츠를 겉끼리 마주보게 겹치고, 밑위를 박는다. 아래쪽 0.5cm는 박지 않는다.	시접을 가르고 밑아래를 박는다.

12	13	
		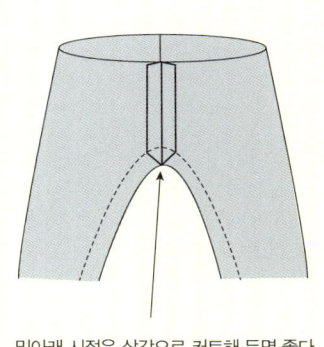
앞뒤가 바뀌지 않도록 주의! 몸판 안쪽을 팬츠와 겹친다.	구멍이 작아 박음질이 힘들 거예요 허리를 빙 둘러 박는다. 재봉틀로 박기 힘들 때는 손바느질로 박음질한다.	밑아래 시접은 삼각으로 커트해 두면 좋다.

하이넥의 경우

1	2	3
		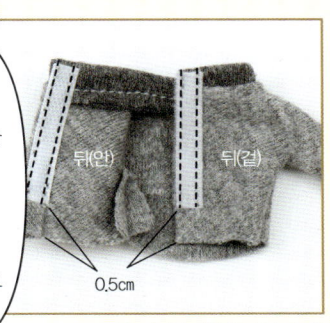
칼라의 양끝을 접은 후, 반으로 접어 양 끝에 접착제를 발라 붙인다. ※전체에 다 바르면 딱딱해지니 시접에만 바른다.	칼라의 끝을 목둘레의 만남 표시에 맞춰서 박아 단다. 재봉틀로 박기 힘들 때는 손바느질로 박음질한다.	칼라가 달린 디자인과는 반대로 뒤여밈이 되니까 주의하세요 0.5cm로 자른 면 파스너를 박아 단다. 왼쪽 몸판이 위가 되도록 뒷단을 1cm 겹쳐 팬츠에 단다. (면 파스너의 모서리는 둥글게 커트해 두는 것이 좋다.)

Chapter 12.

점프슈트

히어로 슈트나 스케이트 코스튬 등, 어레인지는 다양하게!

재봉실은 니트용의 레지론사를 추천합니다.

1 → 패턴 P.77

접착심이 늘어남을 방지해 줍니다

뒤여밈 부분의 시접에 0.5cm 폭으로 자른 접착심을 붙인다.

2

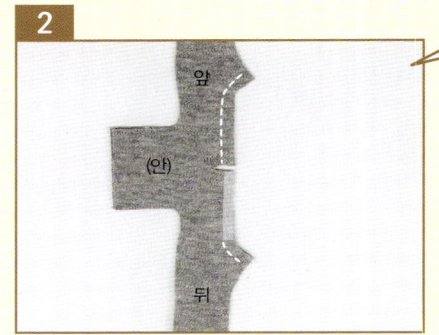

앞중심을 박는다. 뒤중심은 트임 끝의 아래를 박는다. 밑 아래 쪽 0.5cm는 박지 않는다.

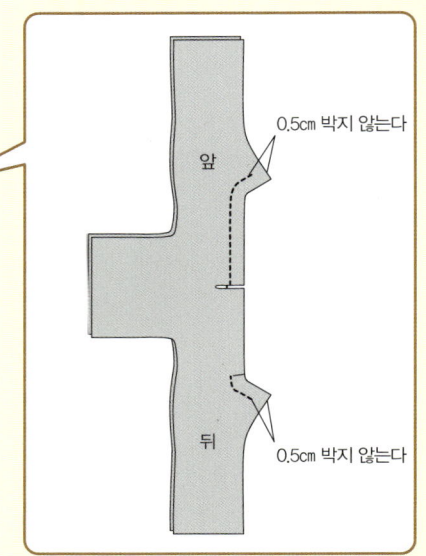

0.5cm 박지 않는다

0.5cm 박지 않는다

3

소맷부리를 접어서 박는다. 또는 접착제로 붙인다. 앞뒤 중심의 시접을 가른다.

4

접착제는 너무 많이 바르지 않도록 주의!

칼라의 양끝을 접은 후, 반으로 접어 양 끝에 접착제를 발라 붙인다.
※전체에 다 바르면 딱딱해지니 시접에만 바른다.

5

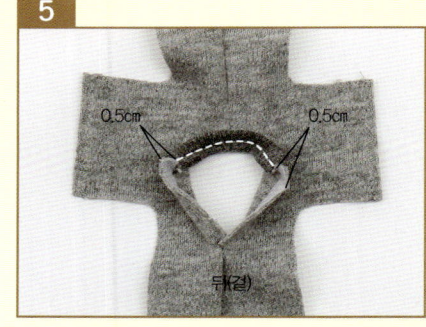

칼라의 끝을 몸판의 끝보다 0.5cm 안쪽으로 맞춰서 박아 단다. (시접은 0.3cm) 재봉틀로 박기 어려우면 손바느질로 박음질한다.

6

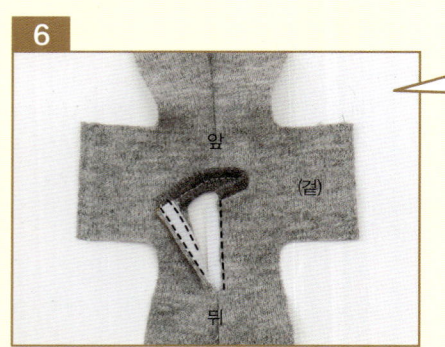

뒷단의 시접을 접어 면 파스너를 단다.

면 파스너 다는 위치

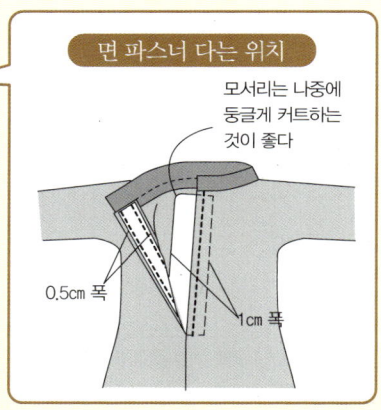

모서리는 나중에 둥글게 커트하는 것이 좋다

0.5cm 폭   1cm 폭

7

겉끼리 마주보게 겹쳐, 소매 아래~옆선을 박는다. 박은 후 겨드랑이 쪽에 몇 군데 가위집을 넣는다.

가위집은 시접의 반 정도까지가 좋아요

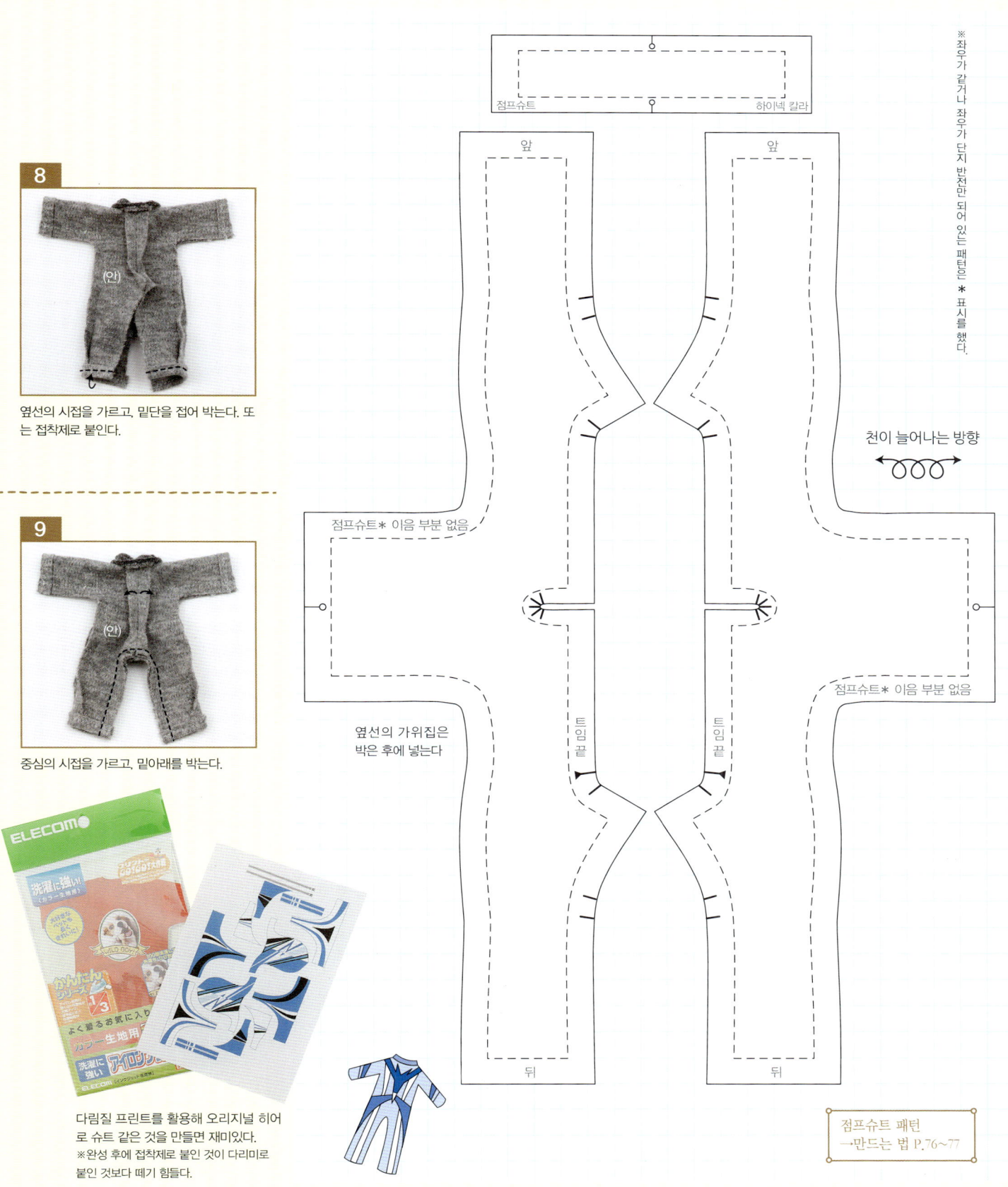

Chapter *13.*

더플코트
— DUFFLE COAT —

실물 크기

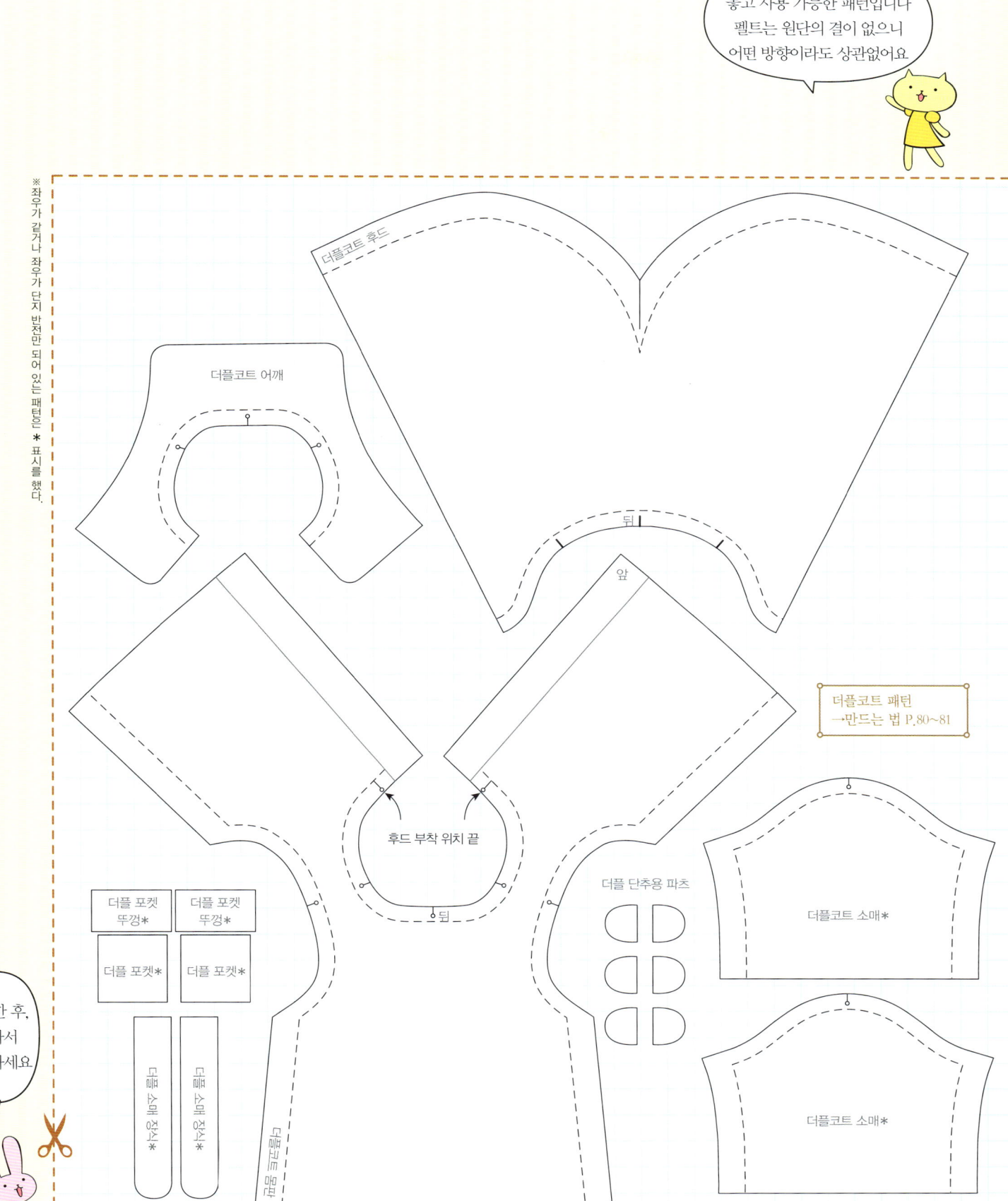

Chapter 13.

더플코트

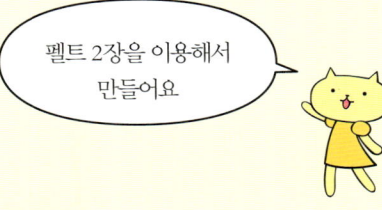
펠트 2장을 이용해서 만들어요

1 → 패턴 P.79

몸판에 소매를 단다.

2
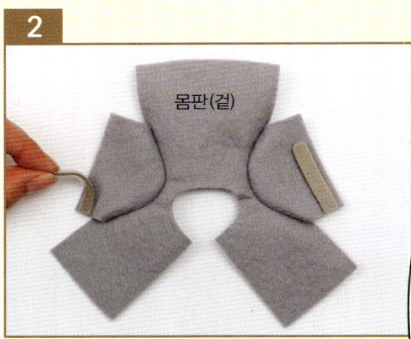
접착제로 소매에 장식을 가재봉해 둔다.

3

손바느질로 달아도 귀여워요
어깨 덮개를 박아 단다.

4

끝은 비스듬히 커트한다
후드의 윗부분을 박는다.

5

목둘레에 후드를 달고, 앞단을 안으로 접어 스티치.

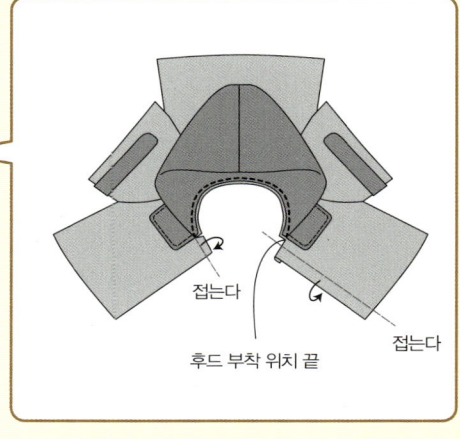
접는다 / 후드 부착 위치 끝 / 접는다

6

진동둘레의 시접을 가른다
겉끼리 마주보게 겹쳐, 소매 아래~옆선을 박는다.

7

더플 단추용 파츠 패턴에 맞춰 합성피혁을 커트한다. 단추에 실을 끼워 합성피혁과 조립해 접착제로 붙인다. 위 작품은 인형 사이즈 15mm 버튼을 사용했다.

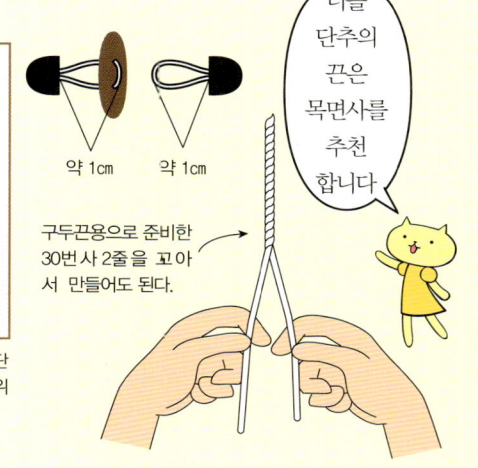
약 1cm / 약 1cm
더플 단추의 끈은 목면사를 추천합니다
구두끈용으로 준비한 30번사 2줄을 꼬아서 만들어도 된다.

Chapter *13.*

8 포켓의 뚜껑에 스티치를 넣는다. 뚜껑의 윗부분은 박지 않는다.

9 더플 단추와 옆선 사이, 밸런스가 좋은 위치에 포켓을 단다.

10 뚜껑을 단다.

11 소맷부리, 포켓에 단추를 단다.

12 후드의 끝(겉면)에 보아털을 겉끼리 마주보게 겹쳐서 박음질해 단다.

끝은 0.5cm 접는다

폭신한 정도에 따라 다르지만, 대충 이 정도 크기로 보아를 커트하면 된다.

17cm / 2.6cm

너무 긴 경우엔 짧게 잘라 주세요

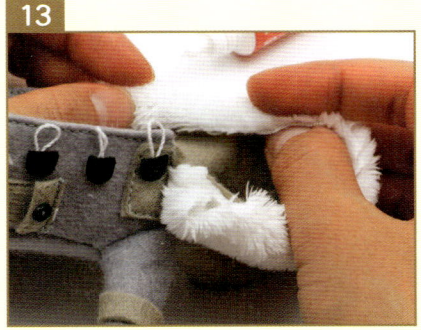

13 후드 입구를 감싸면서 접착제로 붙인다. 또는 실로 공그른다.

14 더플버튼의 끈은 사진처럼 달아도 된다.

보아털의 유무에 따라 느낌이 다르네요!

81

Chapter 14.

망토
— CAPE —

실물 크기

Chapter *14.*

망토 칼라

겉감과 안감을 준비한다
세운 깃 타입

뱀파이어풍의 세운 깃 타입과
빨간 망토풍의 후드 타입.
좋아하는 걸로 고르세요!

망토 후드

※ 좌우가 같거나 좌우가 단지 반전만 되어 있는 패턴은 ✱ 표시를 했다.

복사한 후,
잘라서
사용하세요

겉감과 안감을 준비한다
후드 타입

원단 결 방향

겉감과 안감을 준비한다

망토

망토 패턴
→만드는 법 P.84~85

Chapter 14.

세운 깃 망토

와이어를 넣어서 나풀거리게 해 봐요!

1 → 패턴 P.83

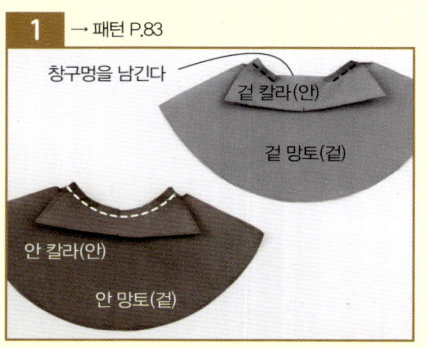

겉감, 안감 각각의 망토와 칼라를 박음질한다. 목둘레는 창구멍을 남겨 놓고 시접은 가른다.

칼라를 단색 원단으로 만드는 경우

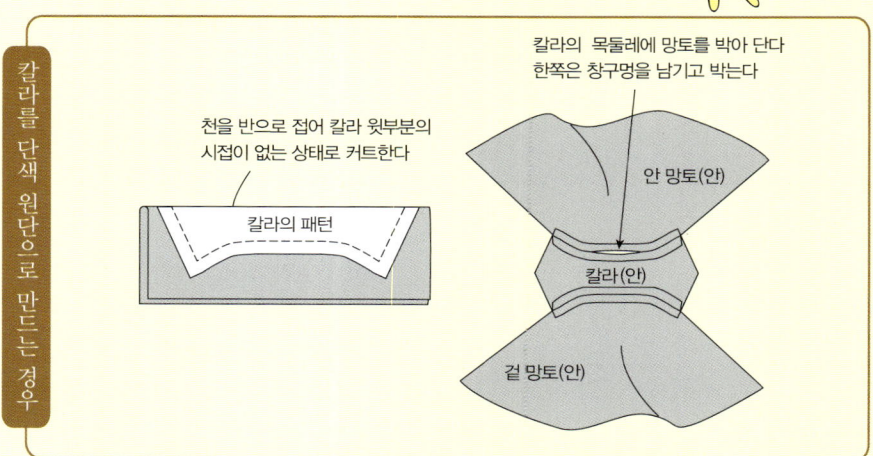

천을 반으로 접어 칼라 윗부분의 시접이 없는 상태로 커트한다

칼라의 목둘레에 망토를 박아 단다 한쪽은 창구멍을 남기고 박는다

2

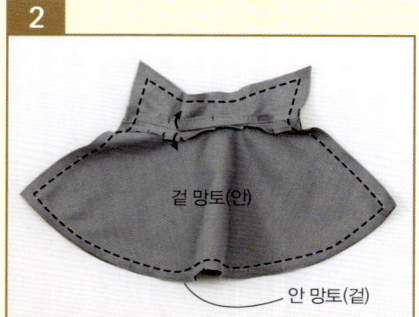

목둘레의 시접을 가르고, 겉과 안 망토를 겉끼리 마주보게 겹쳐 주위를 빙 둘러 박는다.

3

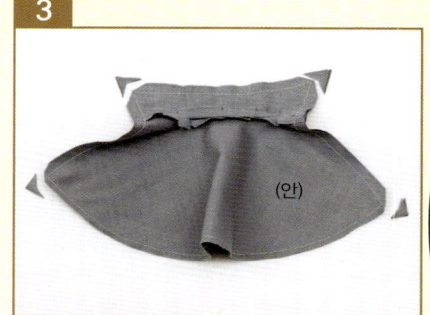

시접의 모서리를 커트하고, 밑단 시접도 0.3cm 정도로 커트한다.

4

와이어를 달지 않아도 괜찮아요.

이음새에 닿을락 말락 하게 박는다

목둘레~앞단의 시접에 와이어를 박음질해 단다.

5

목둘레의 창구멍을 통해 겉으로 뒤집는다.

6

다리미로 정리하고, 창구멍을 공그르기로 막는다.

이런 식으로 와이어를 빙글 빙글 감싸듯이

박음질 합니다 조금 힘들지만 힘내세요

와이어의 끝은 위험하지 않도록 구부려 접어 준다

Chapter 14.

후드 케이프

겉과 안을 다른 색으로 만들어도 귀여워요

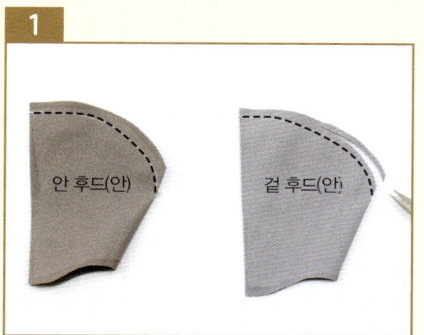
1. 겉 후드와 안 후드 각각을 겉끼리 마주보게 대고 박은 후, 시접을 0.3cm 정도로 커트한다.

2. 후드와 망토를 박아서 합친다. 안쪽의 망토는 창구멍을 내어 둔다.

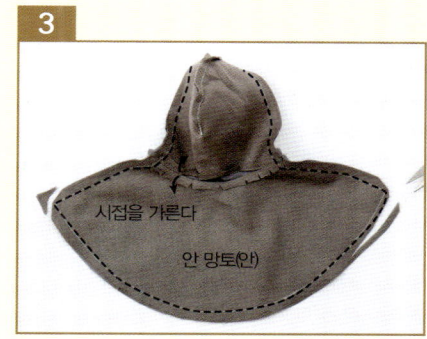
3. 겉 망토와 안 망토를 겉끼리 마주보게 겹쳐 주위를 빙 둘러 박는다. 시접의 모서리는 커트하고 망토의 밑단도 0.3cm 정도 남기고 커트한다.

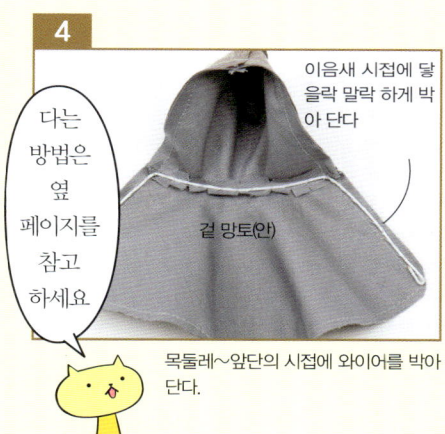
다는 방법은 옆 페이지를 참고하세요

4. 목둘레~앞단의 시접에 와이어를 박아 단다.

5. 목둘레의 창구멍을 통해 겉으로 뒤집는다. 다리미로 정리한 후, 창구멍을 공그르기로 막는다.

6. 완성. 와이어를 구부릴 때는 원단을 누르면서 조심히 다루자.

가능하면 가는 것을 선택!

이 책에서는 '테크노 로트'라는 폴리에틸렌 와이어를 사용했다.

스틸 와이어보다는 두껍지만, 마스크에 사용되는 비교적 안전한 소재입니다

자유롭게 구부리기 쉬우나 알루미늄 와이어와는 달리 접기는 힘들어요

리본, 체인, 단추 등으로 장식해 봐요!

85

Chapter 15.

유카타
— YUKATA —

실물 크기

Chapter 15.

유카타 패턴
→만드는 법 P.88~89

몸판과 옷섶을 분리한 패턴과 일체형의 패턴을 준비했어요

※ 좌우가 같거나 좌우가 단지 반전만 되어 있는 패턴은 * 표시를 했다.

복사한 후, 잘라서 사용하세요

유카타 소매*   유카타 소매*

유카타 옷섶*

유카타 칼라

유카타 옷섶*   유카타 몸판*   유카타 몸판*   유카타 몸판(옷섶 일체)*   유카타 몸판(옷섶 일체)*

옷섶・몸판 별도

옷섶 일체형 몸판

원단 결 방향

Chapter 15.

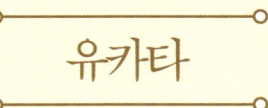
유카타

재봉 스티치를 넣지 않고 각 부분을 접착제로 붙입니다

손바느질 느낌을 원하지 않는다면, 겉으로 보이는 부분도 재봉틀로 박아도 좋아요

1 → 패턴 P.87

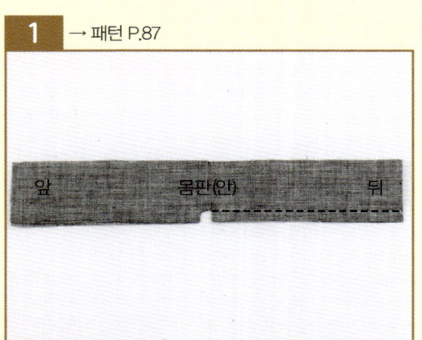

몸판을 겉끼리 마주보게 겹쳐, 등의 중심을 박아 합친다.

2

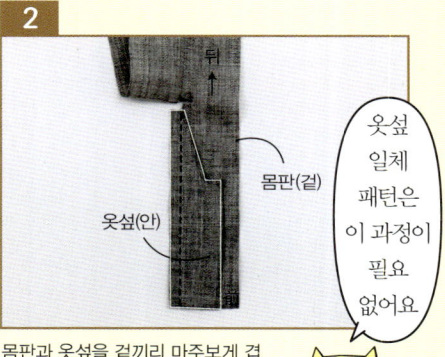

옷섶 일체 패턴은 이 과정이 필요 없어요

몸판과 옷섶을 겉끼리 마주보게 겹쳐 박아 단다. (옷섶이 별도인 경우에만)

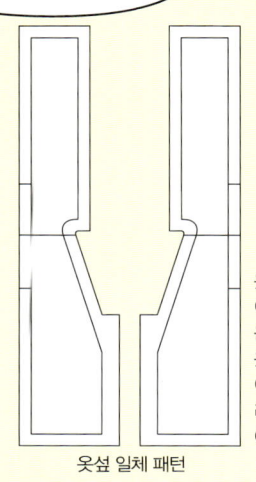

옷섶 있는 패턴 → 이음새를 알기 쉬운 원단
옷섶 일체 패턴 → 이음새를 알기 어려운 무늬의 원단이 적당하다

옷섶 일체 패턴

3

옷섶의 시접을 중심 쪽으로 눕히고, 시접을 비스듬히 커트한다.

4

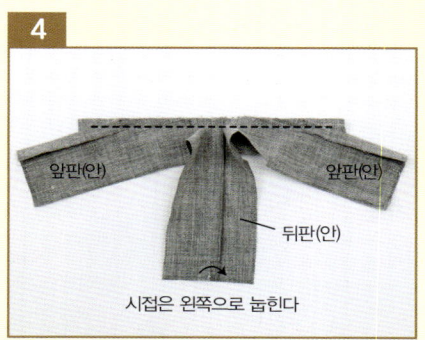

시접은 왼쪽으로 눕힌다

등 중심의 시접을 왼쪽 몸판 쪽으로 눕히고, 칼라를 겉끼리 마주보게 겹쳐 박아 단다.

5

끝을 접는다 칼라의 시접을 감싼다

목둘레의 시접을 칼라로 감싸고 공그르기 한다.

6

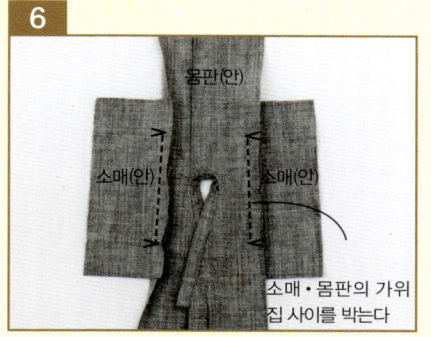

소매·몸판의 가위집 사이를 박는다

소매를 겉끼리 마주보게 겹쳐 박아 단다.

7

소매를 같이 박지 않도록 젖혀 둔다

몸판을 겉끼리 마주보게 접어서 옆선을 박는다.

8

옆선의 시접을 함께 박지 않도록 주의한다

소매를 박는다. 소맷부리는 안쪽으로 눕힌다.

Chapter *15.*

9

접착제가 겉으로 스며나오지 않도록 주의!

밑단을 접는다

앞단·소맷부리·밑단의 시접을 접착제로 붙인다.

매듭 부분 만드는 법

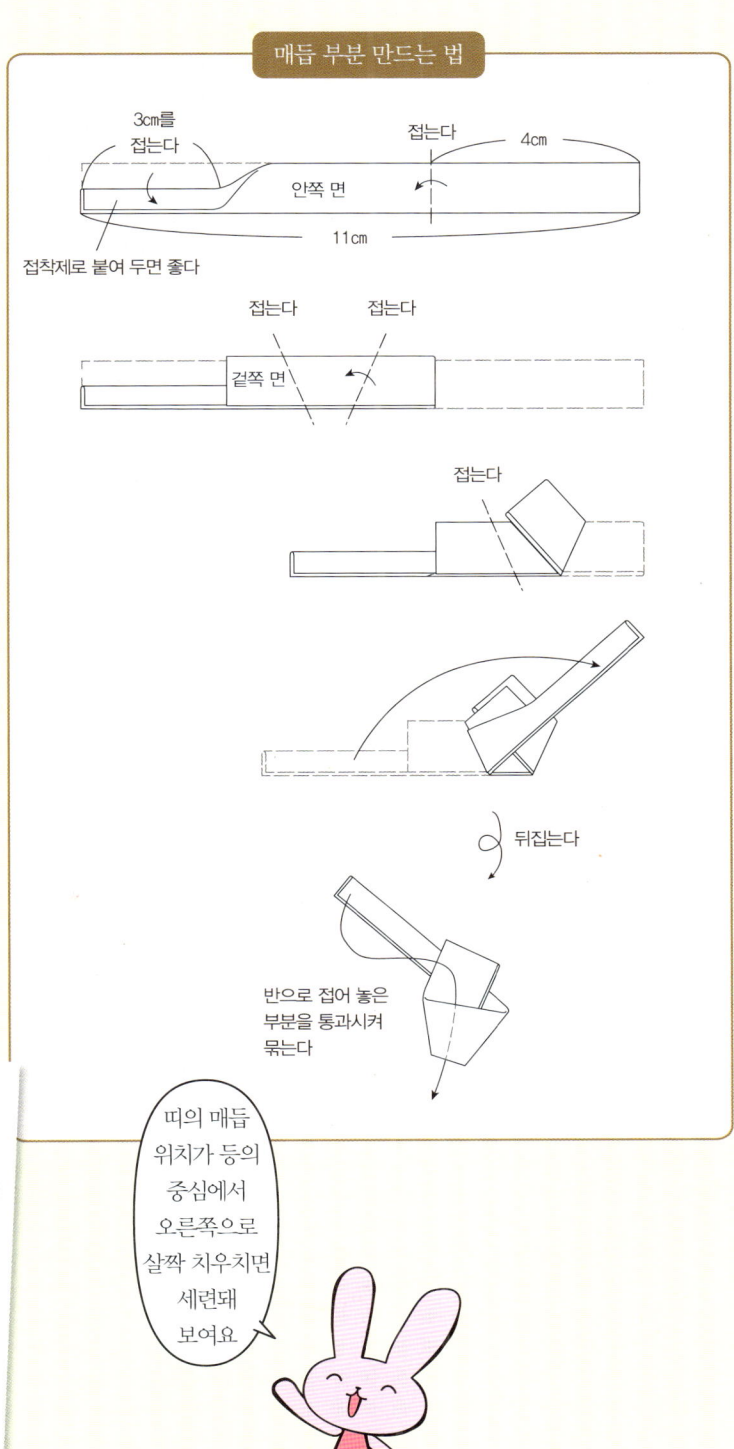

3cm를 접는다 접는다 4cm
안쪽 면
11cm
접착제로 붙여 두면 좋다

접는다 접는다
겉쪽 면

접는다

뒤집는다

반으로 접어 놓은 부분을 통과시켜 묶는다

매듭 부분 다는 법

폭 1cm 정도의 끈이나 티롤리안 테이프, 리본 등을 사용한다

8.5cm

양끝을 접는다

예쁘게 묶은 매듭을 박아서 단다

스냅 또는 스프링 후크를 단다

띠의 매듭 위치가 등의 중심에서 오른쪽으로 살짝 치우치면 세련돼 보여요

89

Chapter 16.

슈즈
— SHOES —

실물 크기

Chapter 16.

양말을 안 신긴 상태에서 딱 맞는 사이즈로 슈즈를 만들려면 96%로 축소하세요

※ 좌우가 같거나 좌우가 단지 반전만 되어 있는 패턴들은 ＊ 표시를 했다.

슈즈 패턴
→만드는 법 P.92~96

슬립온(무지)

슬립온(격자)

※ 천에 붙여 사용

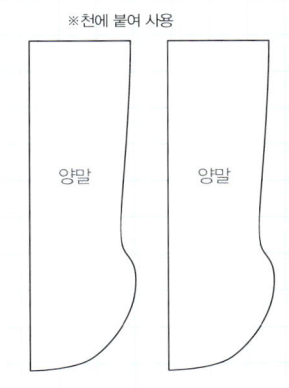

스니커즈

레이스업 부츠

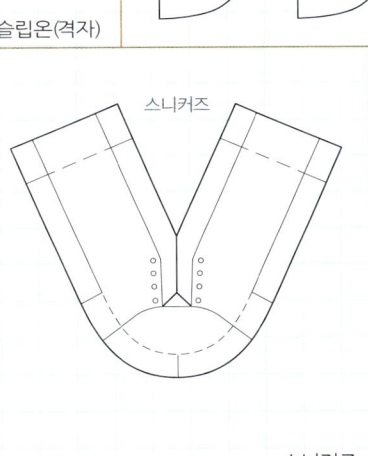

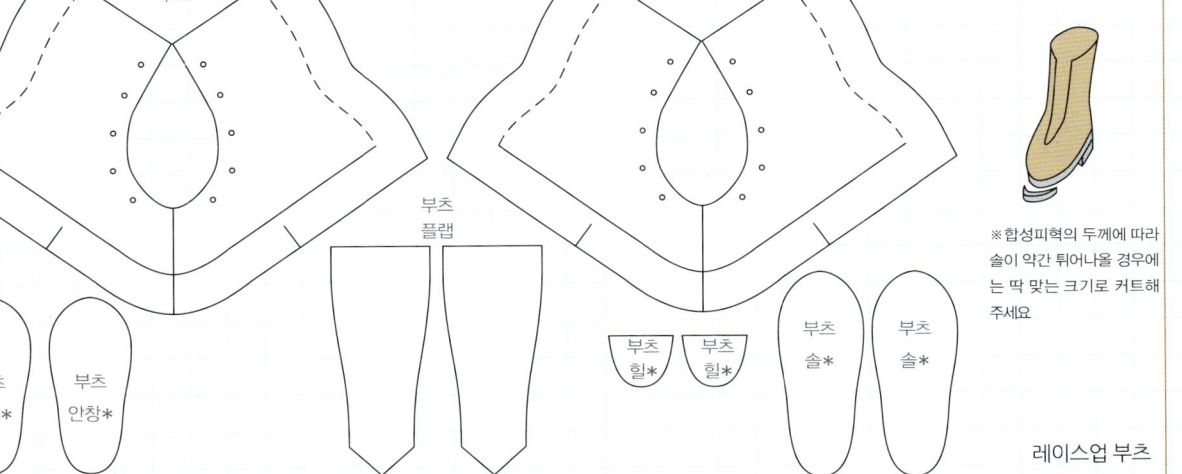

※ 합성피혁의 두께에 따라 솔이 약간 튀어나올 경우에는 딱 맞는 크기로 커트해 주세요

원단 결 방향

Chapter 16.

슬립온 • 스니커즈

> 프린트 원단을 사용하여, 목형을 쓰지 않고 공작하는 느낌으로 만들 수 있어요!

1 → 패턴 P.91

패턴을 스캔해, 프린트 가능한 원단에 출력한다. PC로 좋아하는 무늬를 그리거나, 패브릭 펜으로 좋아하는 색을 칠해도 된다.

> 스캐너나 프린터가 없다면 뒤에 나오는 「레이스업 부츠와 같은 방법으로, 패턴을 천에 붙여서 재단한 후, 송곳이나 가는 프릭션펜, 샤프펜 등으로 표시를 옮겨 그리세요

2

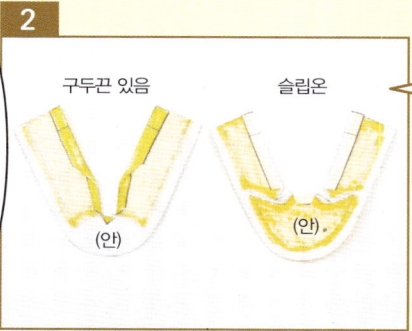

신발 입구의 시접을 안쪽으로 접고 접착제로 붙인다.

가위집 위치

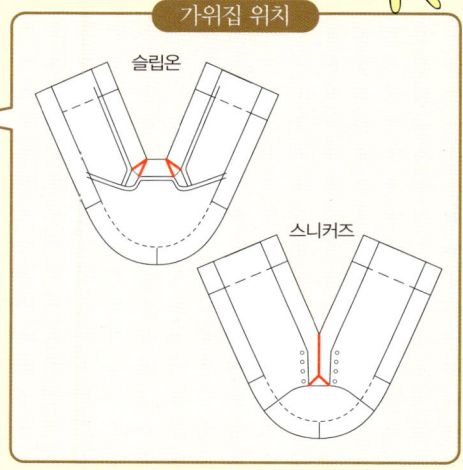

3

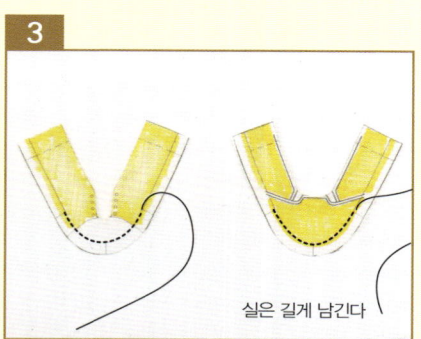

발끝의 점선 부분을 가능한 한 촘촘하게 박는다.

실은 길게 남긴다

4

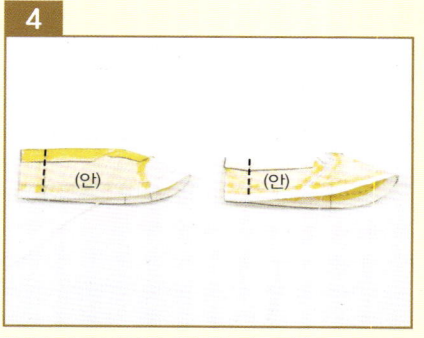

겉끼리 마주보게 겹쳐 뒤를 박는다. 시접은 0.3cm 정도로 커트하고, 펼쳐서 접착제로 붙여 둔다.

5

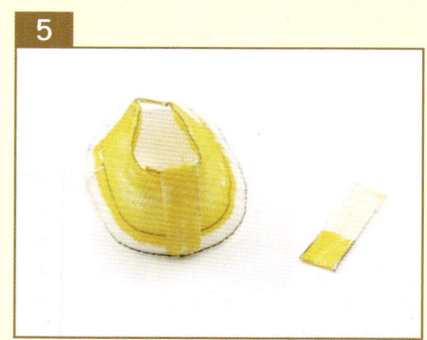

뒤축 부분을 원하는 길이로 접어 넣고 접착제로 붙인다.

6

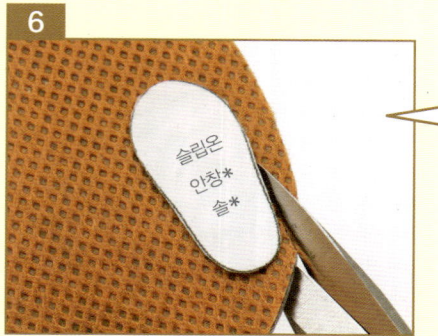

1000원 샵 등에서 판매하는 구두의 안창에, 뒤에 양면테이프를 붙인 패턴을 붙이고 딱 맞게 잘라서 솔을 만든다.

※이 책에서는 두께 0.2cm의 얇은 제품을 사용했다

7

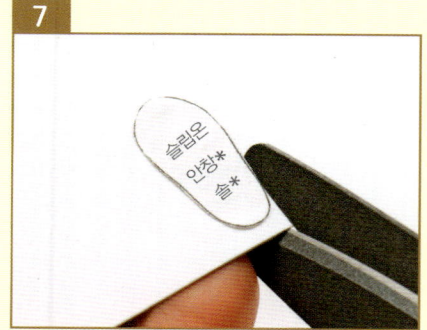

같은 패턴을 두꺼운 도화지에도 붙여서 안창을 만든다. 그대로도 괜찮지만 종이 위에 천을 붙여도 좋다.
※티슈상자 이상의 두꺼운 종이를 사용한다.

Chapter *16.*

| 8 | 9 | 10 |

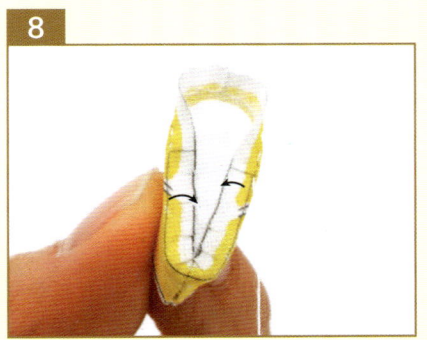 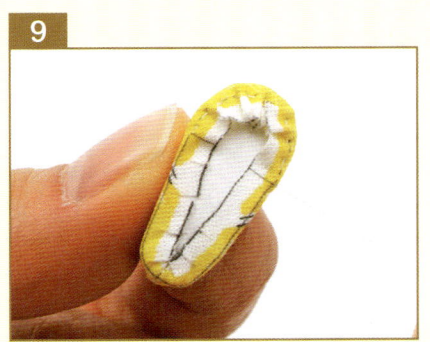 

뒤축의 시접에 가위집을 넣어서, 접착제로 안창에 붙인다.

발끝 부분에도 접착제를 바르고, 실을 당겨서 주름을 잡으면서 안창에 붙인다.

구두와 안창이 완전히 마르면 솔을 붙여 합친다. 빨래집게 등으로 집어서, 신발과 솔이 붙을 때까지 확실하게 말린다.

| 11 | 12 | 13 |

  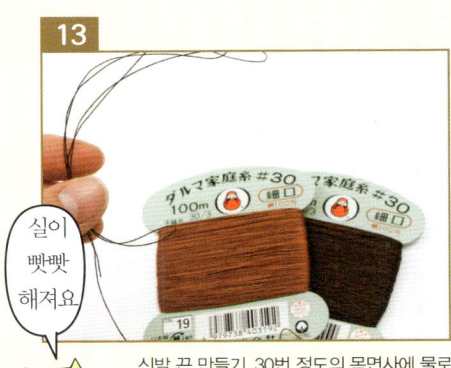

'솔의 두께+1㎜'의 폭으로 자른 천을 솔 주위에 접착제로 붙인다.

플랩은 그림과 같이 접어서 접착제로 붙입니다

플랩을 만들어 접착제로 붙인다. (스니커즈만)

실이 빳빳해져요

신발 끈 만들기. 30번 정도의 목면사에 물로 희석한 본드를 발라서 말린다.

| 14 | 15 | 16 |

 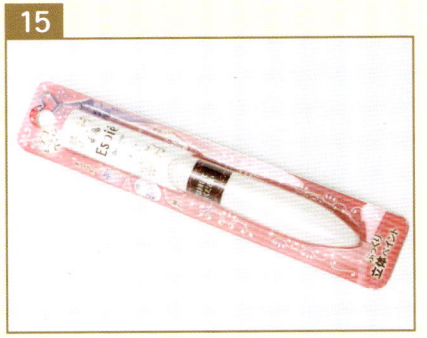 

바늘을 이용해 신발 끈을 스니커즈에 끼운다.

티셔츠 등에 사용하는 「데커레이션펜」 흰색을 사용해 마무리하는 어레인지.

스니커즈의 발끝에 바르면 고무 느낌으로 완성된다.

Chapter 16.

레이스업 부츠

딱 1장으로 완성하는 간단 부츠입니다. 목형을 쓰지 않고 공작하는 느낌으로 만들 수 있어요!

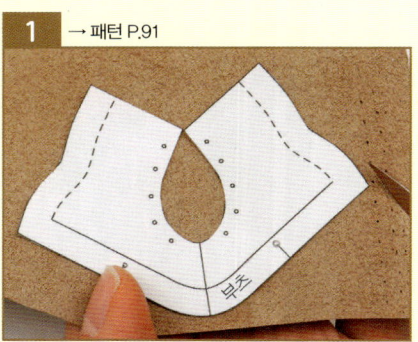

1 → 패턴 P.91

합성 피혁 등 올이 안 풀리는 원단에, 뒤에 양면테이프를 붙인 패턴을 붙이고 커트한다.

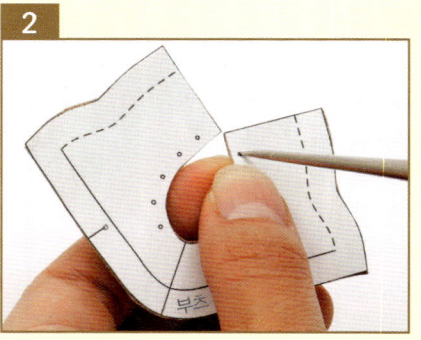

2

신발 끈을 통과시킬 부분에 작은 구멍을 뚫는다. 어딘지 알 수 있도록 흔적을 남기는 정도면 된다.

3

발끝 부분을 촘촘하게 박는다. (끝에서 0.3cm 부분)

4

뒤를 박는다. 잘록한 부분의 시접에 V자로 가위집을 넣는다.

5

시접을 확실히 갈라서 접착제로 붙이고, 겉으로 뒤집는다.

건조시키는 동안 솔을 만들어요

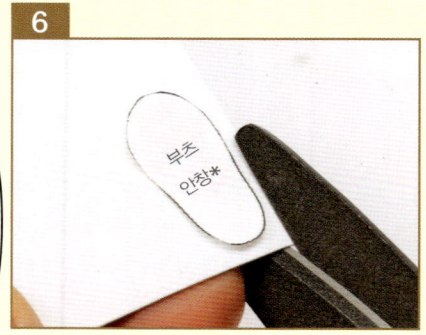

6

두꺼운 종이를 커트해서 안창을 만든다.
※솔보다 작아야 한다.
※티슈상자 이상의 두꺼운 종이를 사용한다.

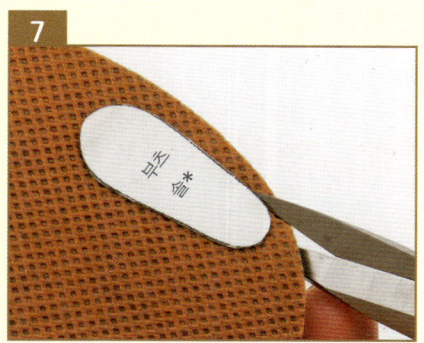

7

1000원 샵 등에서 판매하는 구두의 안창을 커트해서 솔로 사용한다.
*솔의 패턴은 안창보다 커야 한다.

8

솔에 힐을 붙인다. 솔과 힐의 테두리에 좋아하는 색을 칠해도 된다.

※이 책에서는 두께 0.2cm의 얇은 제품을 사용했다.

Chapter *16.*

9

뒤축의 시접에 가위집을 넣고, 접착제로 안창에 붙인다.
※수예용 접착제로 잘 안 붙는 경우에는 피혁・합성고무용 접착제를 사용하면 좋다.

10

발끝 부분에도 접착제를 발라, 실을 당겨 주름을 잡으면서 안창에 붙인다.

마를 때까지 잠시 기다려요!

11

구두와 안창이 완전히 마르면 솔을 붙여 합친다. 빨래집게 등으로 집어서, 신발과 솔이 붙을 때까지 확실히 말린다.
※얇은 인조가죽은 솔이 튀어나올 수 있으니 딱 맞는 크기로 커트한다.

12

신발 바닥이 마르면, 플랩을 붙이고, 다시 말린다.

말릴 동안 신발 끈을 만듭시다

13

신발 끈 만들기. 30번 정도의 목면사에 물로 희석한 본드를 발라 말린다.

실이 빳빳해져요

14

바늘을 이용해 신발 끈을 부츠에 끼운다.

원단용 양면테이프를 활용하자!

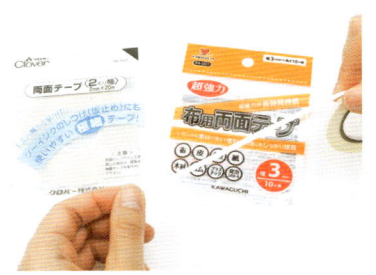

접착제 쪽이 확실하게 붙긴 하지만, 간편한 원단용 양면테이프를 사용해도 상관없다.
원단용 양면테이프는 일반 양면테이프보다 접착면의 층이 두꺼워서 원단에 잘 붙는다.

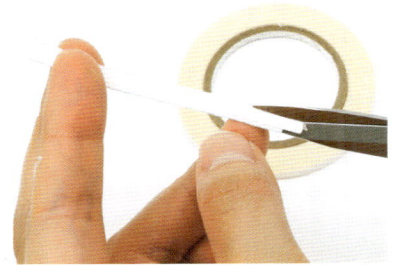

스니커즈 솔의 가장자리에 붙이는 파츠를 정확한 폭으로 자르기 어려운 분은 원단용 양면테이프를 붙여, 그것을 가이드 삼아 커트하면 훨씬 쉽다.

브랜드에 따라 폭이 조금씩 다르니, 원하는 두께를 찾도록 해요!

Chapter 16.

무릎 길이 양말

여러 가지 색이나 무늬로 만들어 봐요. 재봉실은 니트용의 레지론사를 추천합니다

1 →패턴 P.91

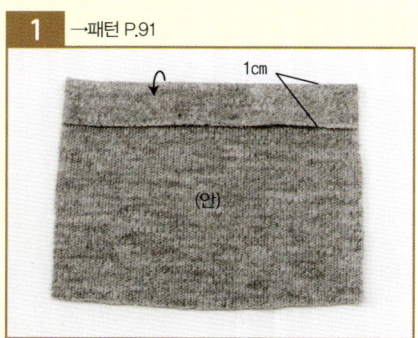

패턴의 2배쯤 되는 니트 원단을 준비한다. 니트 원단의 윗 부분을 1cm 접는다.

2

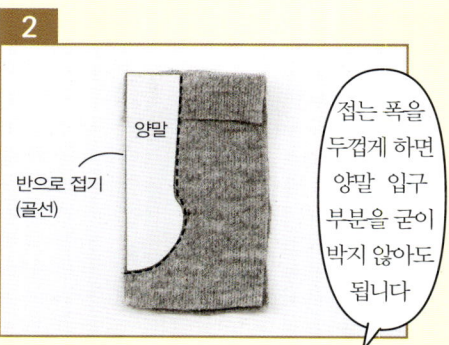

원단을 겉끼리 마주보게 접어, 뒤에 양면테이프를 붙인 패턴을 붙인다. 패턴을 가이드 삼아 주위를 박는다.

접는 폭을 두껍게 하면 양말 입구 부분을 굳이 박지 않아도 됩니다

3

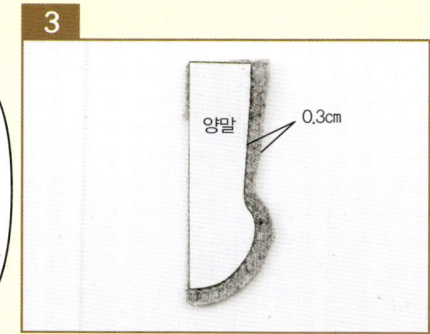

시접을 0.3cm 폭 정도로 커트한다.

4

겉으로 뒤집으면 완성.

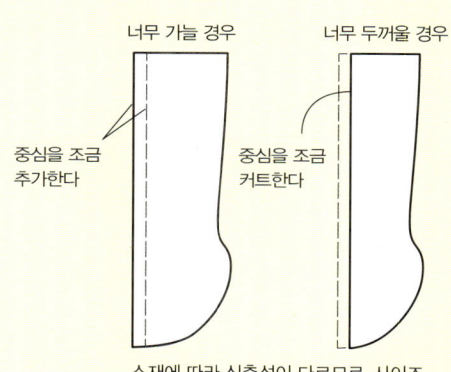

너무 가늘 경우 — 중심을 조금 추가한다
너무 두꺼울 경우 — 중심을 조금 커트한다

소재에 따라 신축성이 다르므로, 사이즈가 맞지 않는 경우엔 패턴을 수정한다.

신축성뿐만 아니라, 니트 원단의 두께에 따라서도 사이즈가 미묘하게 바뀝니다

귀찮더라도 시험 삼아 한쪽을 만들어 잘 들어가는지 확인할 것을 권합니다

양말을 신기지 않는 경우

스니커즈・부츠의 패턴은 양말을 신은 상태를 감안해 만든다. 만약 맨발에 딱 맞게 신기고 싶다면 패턴을 96%로 축소하면 된다.

맨발의 경우 96%로 축소

양말을 신지 않으면 뒤꿈치가 남아서 발이 빠지기 쉽다

맨발의 경우 96%로 축소

Chapter 17.

모자
— HAT & CAP —

실물 크기

Chapter 17.

학생모자 • 베레모

합성피혁이나 트윌 등 여러 가지 원단으로 만들어 보세요

1 → 패턴 P.102

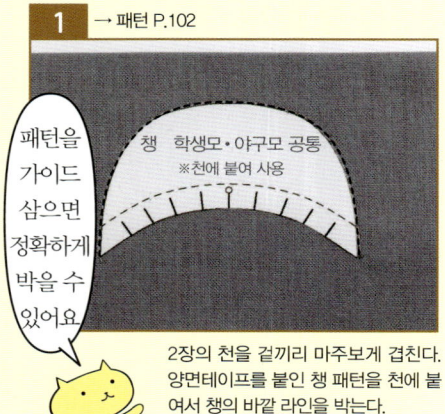

패턴을 가이드 삼으면 정확하게 박을 수 있어요

2장의 천을 겉끼리 마주보게 겹친다. 양면테이프를 붙인 챙 패턴을 천에 붙여서 챙의 바깥 라인을 박는다.

2

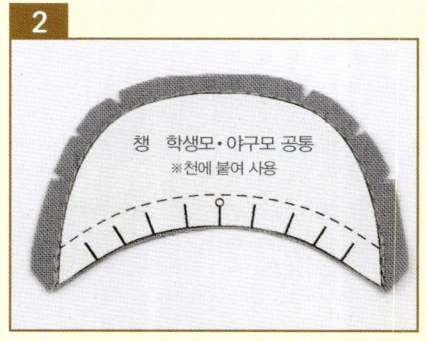

시접을 남기고 주위를 커트, 곡선 부분에 가위집을 넣는다.

3

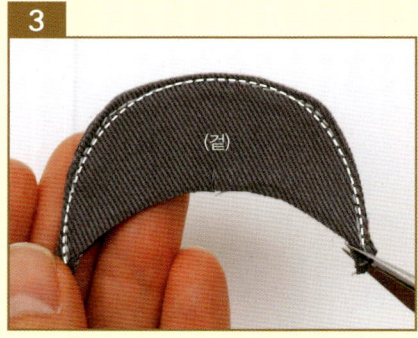

겉으로 뒤집어 다리미로 모양을 정돈하고, 단을 박는다. 시접이 튀어나온 부분은 자른다.

4

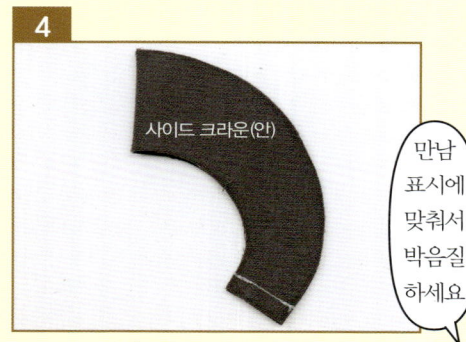

사이드 크라운을 겉끼리 마주보게 접고, 끝을 박는다. 시접은 가른다.

5

만남 표시에 맞춰서 박음질 하세요

탑과 사이드크라운을 겉끼리 마주보게 겹쳐 박음질해 합친다. 시접은 0.3cm 정도로 자른다.

6

중심을 잘 맞추세요

사이드 파츠의 중심에 챙을 박아 단다.

7

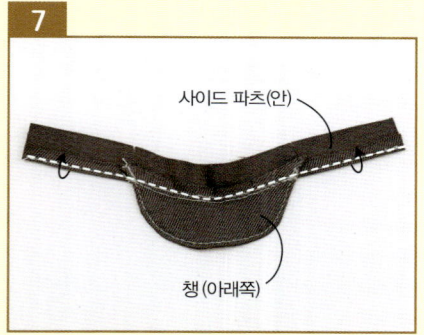

사이드 파츠의 시접을 다리미로 접고 끝에 스티치.

8

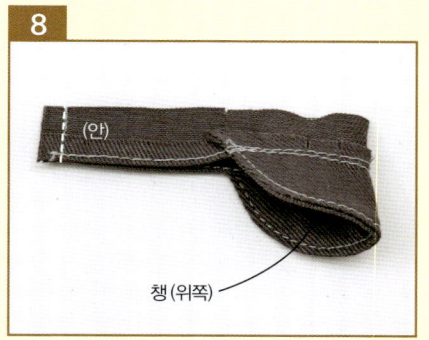

사이드 파츠의 뒤를 겉끼리 마주보게 겹치고 끝을 박는다.

9

사이드 크라운을 겉으로 뒤집고, 챙이 달린 파츠의 안으로 넣는다. (앞뒤가 바뀌지 않도록 주의)

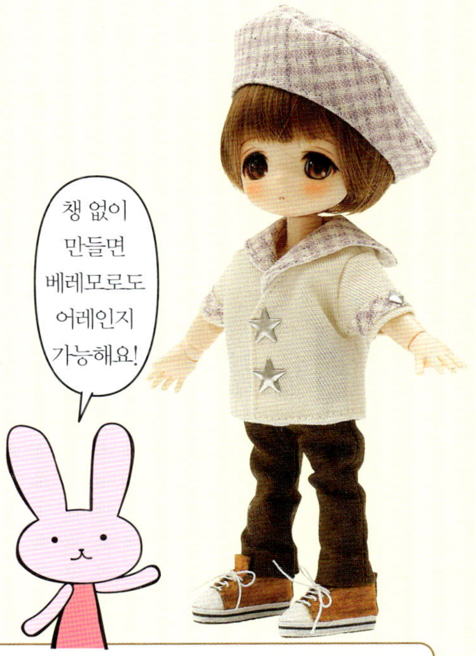

Chapter 17.

10
사이드 크라운과 챙이 달린 파츠를 빙 둘러 박음질해 합친다. 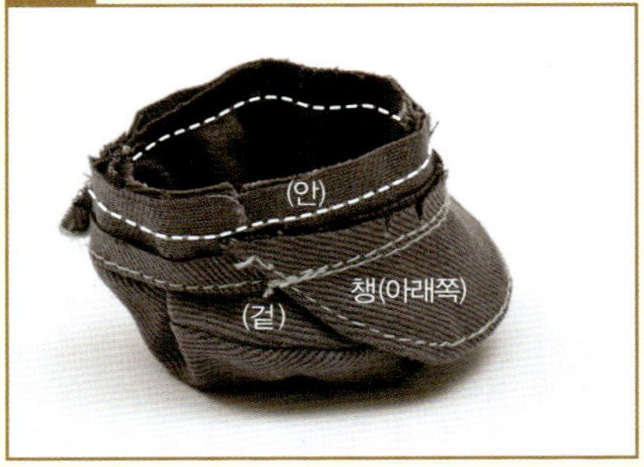

11 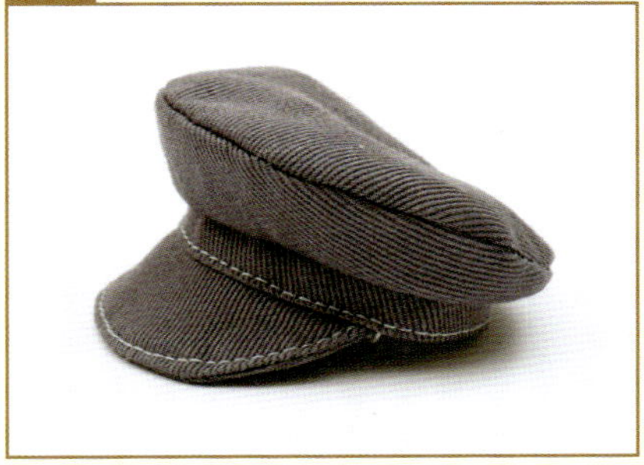
사이드 파츠를 겉으로 뒤집으면 완성.

> 챙 없이 만들면 베레모로도 어레인지 가능해요!

베레모로 어레인지

사이드크라운의 겉감과 안감을 각각 겉끼리 마주보게 접어 끝을 박는다. 겉감만 겉으로 뒤집어 둘을 겹친다.

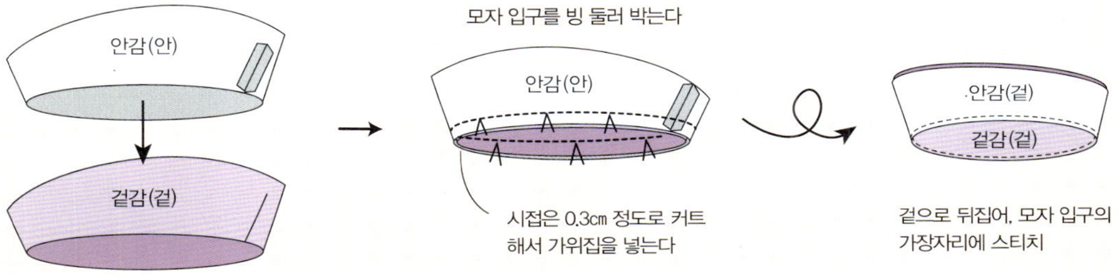

모자 입구를 빙 둘러 박는다

시접은 0.3cm 정도로 커트해서 가위집을 넣는다

겉으로 뒤집어, 모자 입구의 가장자리에 스티치

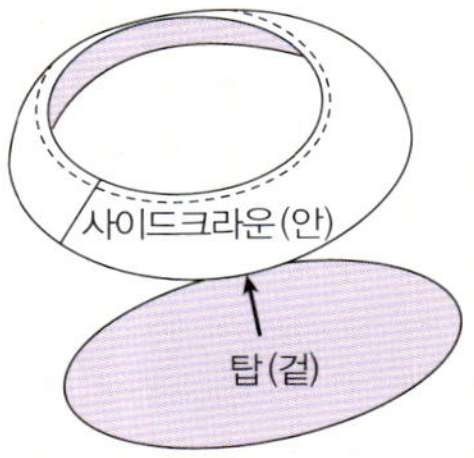

위에서 만들어 놓은 사이드크라운과 탑 파츠를 겉끼리 마주보게 겹친다

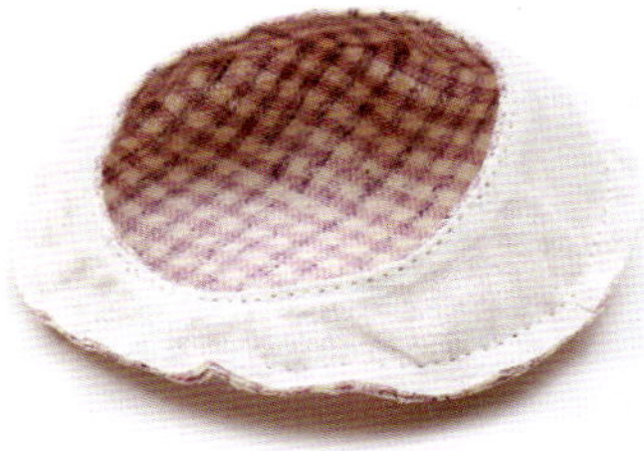

주위를 빙 둘러 박고 시접을 3mm 정도로 자른다

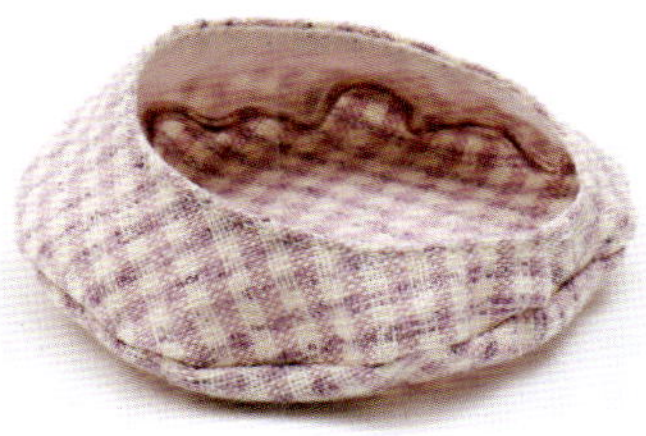

겉으로 뒤집으면 완성

겉으로 뒤집는 데는 겸자가 편리

오비츠11 사이즈의 작은 옷이나 파츠를 겉으로 뒤집는 것은 조금 어렵다. 그럴 때 도움이 되는 것이 겸자! 수예용 작은 사이즈도 판매되고 있다.

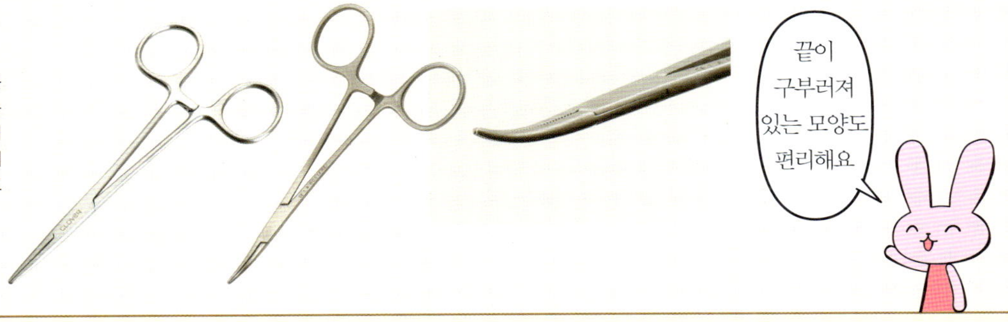

> 끝이 구부러져 있는 모양도 편리해요

Chapter 17.

야구모자

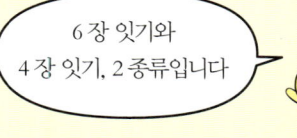
6장 잇기와 4장 잇기, 2종류입니다.

1 →패턴 P.102
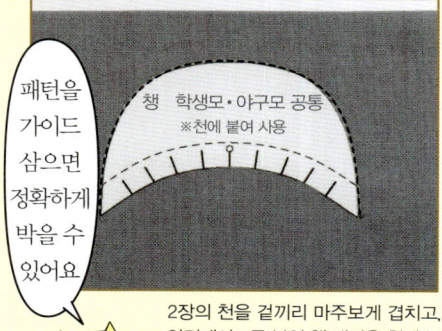
패턴을 가이드 삼으면 정확하게 박을 수 있어요.
2장의 천을 겉끼리 마주보게 겹치고, 양면테이프를 붙인 챙 패턴을 천에 붙여서 챙의 바깥 라인을 박는다.

2
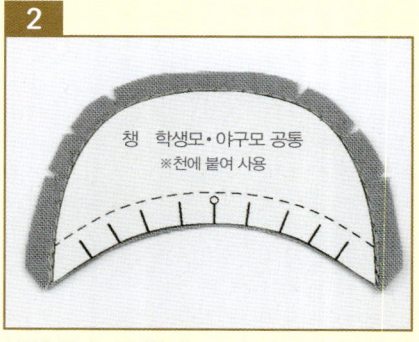
시접을 남기고 주위를 커트, 곡선 부분에 가위집을 넣는다.

3
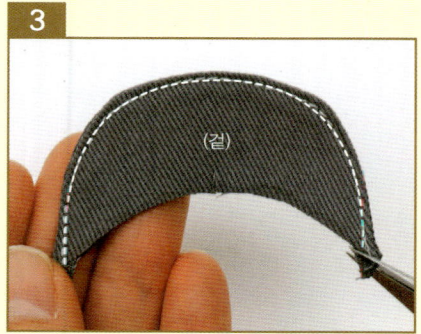
겉으로 뒤집고 다리미로 모양을 정돈한다. 단을 박는다.

4

크라운을 2장씩 박음질해 합치고, 시접을 가른다. (윗부분은 끝까지 박지 않는다.)

5

4장 잇기 모자의 앞 파츠는, 윗부분의 다트를 박는다. (윗부분은 끝까지 박지 않는다.)

6

6장 잇기   4장 잇기
파츠들을 박음질해 합친다.
한 장 한 장 하지 말고, 2장씩 박아 합치는 게 작업하기 편해요.

7

모자에 챙을 단다.

8

모자 입구를 접어서 끝을 빙 둘러 박는다.

9

4장 잇기도 같은 방법으로 한다.

Chapter 17.

꼭지 단추 만들기

파츠 가장자리를 박음질한다

솜이나 티슈를 동그랗게 말아 안에 넣고, 실을 당겨 둥글게 만든다. 모양을 정돈해 모자 맨 위에 박아 단다

접착제로 붙여도 되지만, 박음질해서 다는 편이 단단해요

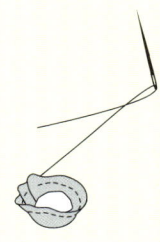

스트라이프 등 무늬 원단의 경우엔 원단 결 방향도 포인트가 된다

※ 반구형 파츠를 천으로 감싸도 된다

겹쳐 입기 힘들 때 편해요

보너스 패턴입니다!

편리한 소매통 장갑

소매를 감싼다. (핸드 파츠가 달린 채로 하는 편이 통과하기 쉽다.)

리본을 당겨서 장갑만 쏙 빼낸다.

소매통 장갑 패턴

(4.5cm X 4.5cm)

잘 미끄러지는 매끈한 니트 원단을 추천

접는다   접는다

원단을 3등분으로 접어, 반으로 접은 3mm 리본을 끼워서 박는다.

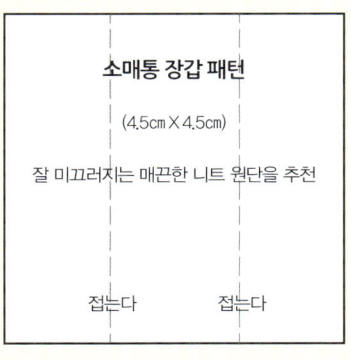

박은 후 모서리는 둥글게 잘라 둔다

겉으로 뒤집는다

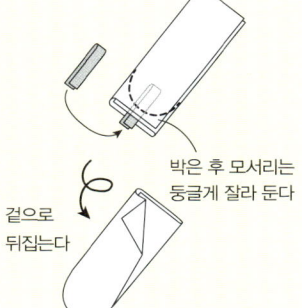

프린트 원단으로 인쇄할 분들을 위해, 시접이 있는 챙의 패턴도 준비했다.

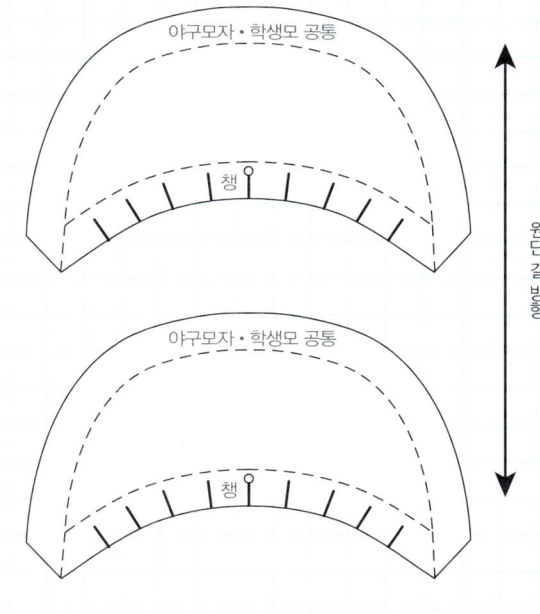

야구모자 · 학생모 공통

챙

야구모자 · 학생모 공통

챙

원단 결 방향

※ 챙의 원단 결 방향은 세로 · 가로 · 바이어스, 어떤 방향이어도 상관없다

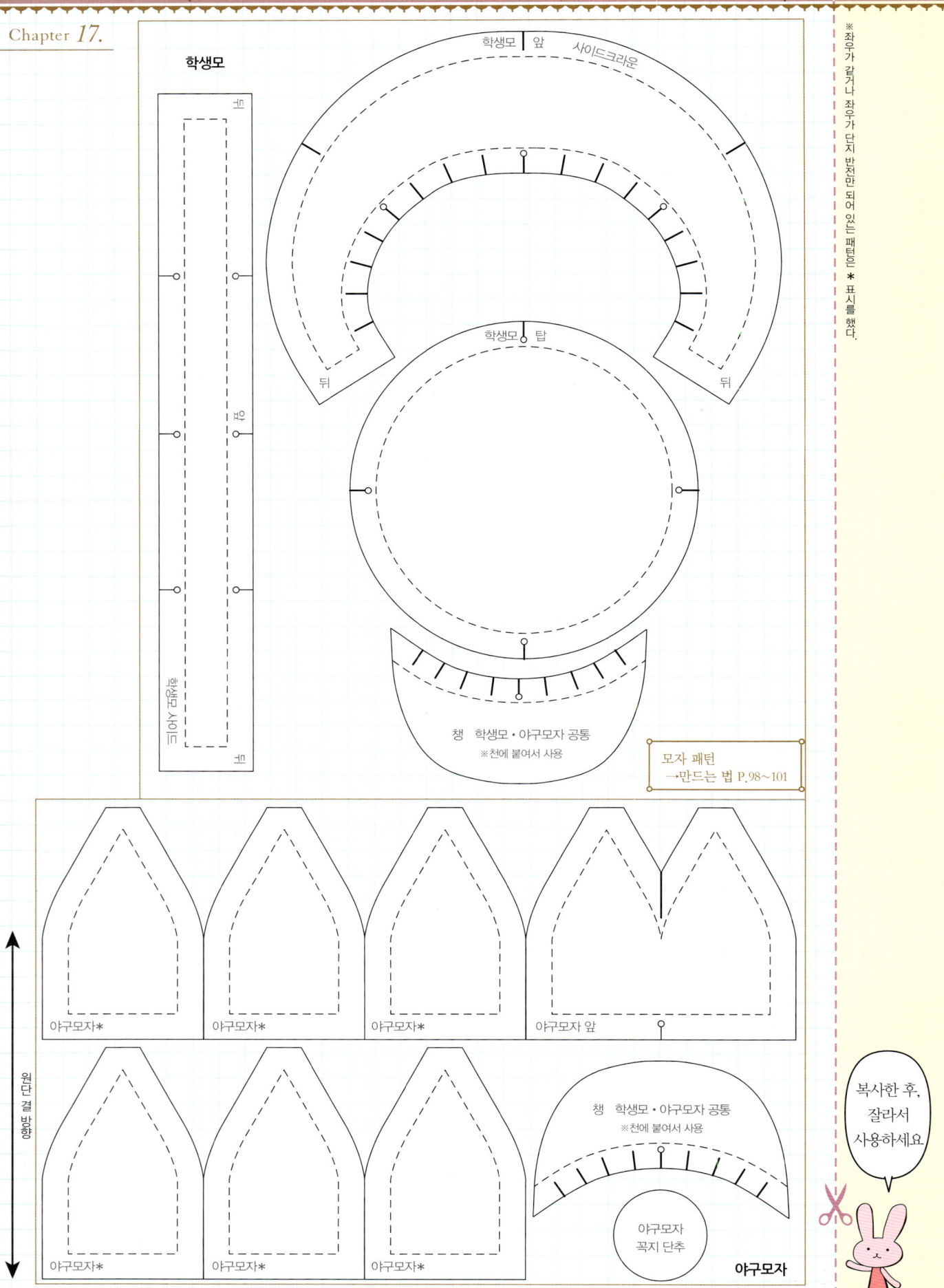

Chapter *17.*

사용허가 범위

☆ 게재된 패턴이나 만드는 법 페이지 등, 명확하게 책의 전재라고 알 수 있는 일은 삼가세요.

☆ 이 책에 게재되어 있는 내용의 전재는 삼가 주세요.

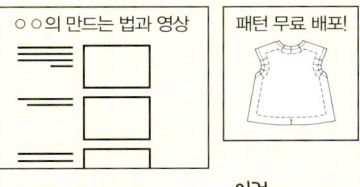

어라? 누가 어떻게 봐도 책의 내용과 거의 똑같네.

이거, 책에 게재된 패턴이랑 완전 똑같아…

☆ 책의 패턴 그대로, 또는 일부만 바꾼 옷이나 패턴의 배포 및 판매는 삼가 주세요. (프리마켓 사이트·옥션 이벤트 판매 포함)

책의 패턴 또는 살짝 손본 패턴의 판매는 무료 배포라도 X!

패턴 그대로, 또는 확대 축소나 기장을 바꾼 것 등 일부를 고친 것뿐인 옷의 판매.

판매하고 싶다면 패턴부터 본인이 만듭시다!

이 책뿐 아니라, 다른 핸드메이드 책에서도 이런 것은 금지하고 있어요.

가능한 일

☆ 이 책의 패턴으로 만든 옷을 자신의 블로그나 SNS에 업로드.

☆ 패턴을 개조하여 만든 옷 또는 제작 도중의 리포트를 웹사이트나 SNS에 게재.

마음에 드는 원단으로 옷을 만들었어요!

책의 패턴 기장을 길게 해서 코트로 만들었어요!

옷의 업로드는 대환영! 예쁘게 만들어서 자주 올려주세요

그 외에 제작한 옷을 선물하는 등, 상식 범위 내에서라면 상관없어요

만일 본인이 패턴 제작자나 책의 저자라면 「이런 건 하지 말아 줬으면」, 「이런 일을 당하면 싫을 것 같다」라는 걸 상상해서 판단해 주시기 바랍니다.

주의 및 금지 사항

자작 패턴이라도, 애니메이션이나 만화 캐릭터, 연예인의 무대 의상 등과 똑같은 디자인의 옷을 만들어 사이트나 이벤트에서 무허가로 판매하는 것은 절대 금해 주세요.

패턴부터 자신이 창작한 판권 옷을 판매하고 싶은 경우

개인이라도 이벤트 등의 기회에 캐릭터의 「당일판권」을 취득하면 전시나 판매가 가능합니다.

「당일판권」이란?

이벤트 주최자가 개인의 「캐릭터의 권리 사용 희망」 신청을 대행해 주는 것으로 판권자로부터 특례로 권리 사용의 허가를 받을 수 있는 시스템

「완다 페스티벌」
http://wf.kaiyodo.net/pdf/copyright_manual.pdf
「돌즈 파티」 ※보크스·돌피 관련 상품에 한함.
http://www.volks.co.jp/dolpa/

인형이나 피규어계에서는 주로 위의 주최자들입니다 상세한 내용은

위 사이트 참조! 정독해서 내용을 정확히 이해해 주시기 바랍니다

개인의 작은 비즈니스이지만 권리 사용의 계약이므로 신청 기간, 제출할 서류,

각종 규약 등 약속한 것을 정확하게 지킵시다!

신청 마감일은 이벤트에 따라 다르지만, 반년~수개월 전일 경우가 많습니다.

참가할 이벤트를 예습해서 신청 스케줄을 확인한 후, 여유를 가지고 계획적으로 진행하세요.

 안타깝지만, 신청 허가를 못 받을 가능성도 있습니다.

안 됐어~

꽤나 힘든가 봐요…

하지만 모두 확실히 규약을 지키고 있어요!

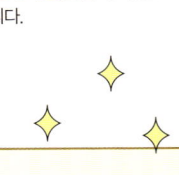

정확히 절차를 밟아, 판권처로부터 허가를 받은 분만이 「캐릭터 이미지로 만든 의상을 판매할 권리」를, 이벤트 행사장 안에서만 얻을 수 있습니다.

온라인 옥션이나 프리마켓 등에서, 안일하게 판권 위반의 굿즈를 제작판매

캐릭터를 만들어 내고, 소중히 지키고 키워온 판권처.

당일판권이라는 시스템에서 창작활동을 호의로 지지해 주고 있는 사람들

그걸 지키는 팬 분들

모든 걸 배신하는 행위입니다

룰은 확실히 지킵시다!

「몰랐어요」로는 끝나지 않는 일이 일어나지 않도록!

※이 페이지의 내용은 일본 기준이므로, 국내의 상황과는 다를 수 있습니다.

◇ 당신은 언제나 옳습니다. 그대의 삶을 응원합니다. - 라의눈 출판그룹

오비츠11
인형옷 패턴 교과서

초판 1쇄 2019년 2월 20일
2쇄 2020년 3월 10일

지은이 아라키 사와코 **옮긴이** 고현정
펴낸이 설응도   **편집주간** 안은주
영업책임 민경업   **디자인책임** 조은교

펴낸곳 라의눈

출판등록 2014년 1월 13일(제2014-000011호)
주소 서울시 서초중앙로 29길(반포동) 낙강빌딩 2층
전화 02-466-1283   **팩스** 02-466-1301

문의(e-mail)
편집 editor@eyeofra.co.kr
마케팅 marketing@eyeofra.co.kr
경영지원 management@eyeofra.co.kr

ISBN : 979-11-88726-29-5 13630

이 책의 저작권은 저자와 출판사에 있습니다.
저작권법에 따라 보호를 받는 저작물이므로 무단전재와 복제를 금합니다.
이 책 내용의 일부 또는 전부를 이용하려면 반드시 저작권자와 출판사의 서면 허락을 받아야 합니다.
잘못 만들어진 책은 구입처에서 교환해드립니다.

ドールソーイングBOOKオビツ11の型紙の教科書-11㎝サイズの男の子服-荒木さわ子(著)

Copyright ⓒ Sawako Araki/HOBBY JAPAN
All rights reserved.
Original Japanese edition published by HOBBY JAPAN CO.,Ltd
Korean edition copyright ⓒ 2019 by Eye of Ra Publishing Co.,Ltd
This Korean edition is published by arrangement with HOBBY JAPAN CO.,Ltd.,
through AMO AGENCY, Seoul, Korea.

이 책의 한국어판 저작권은 AMO에이전시를 통해 저작권자와 독점 계약한 라의눈에 있습니다.
저작권법에 의해 한국 내에서 보호를 받는 저작물이므로 무단 전재와 무단 복제를 금합니다.

STAFF

디자인 : 다나카 아사코
촬영 : 다마이 히사요시 · 가츠라 타카노리
편집 : 스즈키 요코
촬영 협력 : 오비츠 제작소 / DONO-REI
사용 바디 : OBITSU BODY ⓡ11 화이티 (오비츠 제작소)
사용 모델 : OB-DH-E-00 「HAKASE」/ OB-DH-E-01 「OTOKO」,
OB 인형 헤드 샘플 (DONO-REI)
사용 가발 : 4인치 가발 개인물품 커스텀 포함 (DOLLCE)